जनहित में जारी

(व्यंग्य कविताएँ)

जनहित में जारी

पंकज प्रसून

हिन्द युग्म
hindyugm.com

ISBN : 978-93-81394-75-5

प्रकाशक :
हिन्द-युग्म
1, जिया सराय, हौज खास, नई दिल्ली-110016
मो.- 9873734046, 9968755908

मुद्रक : रेप्रो नॉलेज कास्ट लिमिटेड, ठाणे
आवरण-चित्र : माधव बाजपेयी
कैरीकेचर : वी. परमात्मा प्रसाद
कला-निर्देशन : विजेंद्र एस विज |www.vijendrasvij.com

प्रथम संस्करण : 2014

Janhit Mein Zaari
(A collection of satirical poems written by Pankaj Prasun)

Published By
Hind Yugm
1, Jia Sarai, Hauz Khas, New Delhi- 110016
Mob : 9873734046, 9968755908
Email : sampadak@hindyugm.com
Website : www.hindyugm.com

1st Edition : 2014

'जनहित में जारी' ये कविताएँ

जनहित में रचित इस कविता-संग्रह के रचनाकार पंकज प्रसून से मेरी पहली मुलाकात वर्ष 2012 में हिंदी साहित्य अकादमी, दिल्ली में आयोजित व्यंग्य कार्यशाला के दौरान हुई। बहुत ही सीधे और सरल। मुझे समझ ही नहीं आया कि वे कोई व्यंग्यकार भी हो सकते हैं। इसके बाद 24 अगस्त, 2013 को लखनऊ में आयोजित 'अट्टहास समारोह' के मंच पर मैंने पंकज प्रसून का कवि रूप देखा। जिनकी धारदार व्यंग्य कविताएँ बड़े चाव से सुनी जा रही थीं। फिर भाई गोपाल चतुर्वेदी ने बताया कि प्रसून की व्यंग्य कविताओं का संकलन तैयार है और वह मुझसे भूमिका लिखवाना चाहते हैं। मैं उनकी कविताओं को सुन चुका था इसलिए संकोच का प्रश्न ही नहीं उठता था क्योंकि उनमें व्यंग्य को सहज रूप में व्यक्त और अभिव्यक्त करने की क्षमता मौजूद है। वह मंच पर कविता पढ़ते तो हैं परंतु मंचीय कवियों की तरह किसी प्रकार की नाटकीयता नहीं अपनाते हैं और न ही श्रोताओं से जबरदस्ती अथवा याचनापूर्वक दाद की दरकार करते हैं। कवि सम्मेलनों में व्याप्त चुटकुलेबाजी का आलम तो यह है कि कवियों के लतीफे आपस में टकरा जाते हैं और विद्रूप का वातावरण उपस्थित हो आता है।

पंकज प्रसून ने बड़ी ईमानदारी के साथ कुबूल किया है कि चुटकुला प्रधान कविताओं ने हास्य व्यंग्य को हल्का, सस्ता और साहित्य विमुख बनाकर संवेदनारहित कर दिया है। मुझे उनके इस विचार ने सचमुच बहुत प्रभावित किया। आज यह जानकर अति प्रसन्नता हो रही है कि हिंदी का एक युवा कवि चुटकुला प्रधान कविताओं को पूरी तरह नकारने के मूड में है।

हिंदी की व्यंग्य परंपरा पर दृष्टिपात करें तो कबीर व्यंग्य के प्रथम पुरुष के रूप में नजर आते हैं। यों सभी बड़े कवियों में व्यंग्य की मात्रा कमोबेश नजर आती है। भारतेंदु, बालमुकुंद गुप्त, मैथिलीशरण गुप्त, निराला, दिनकर, बच्चन, नागार्जुन, भवानी प्रसाद मिश्र, धूमिल आदि ने युगीन विडंबनाओं और विसंगतियों को अपने-अपने अंदाज में व्यक्त किया है। फिर एक ऐसा दौर भी आया कि कविगण जनता को लुभाने के लिए, श्रोताओं से तालियाँ बटोरने के लिए हास्य-व्यंग्य कविताएँ परोसने लगे और अपनी सस्ती मानसिकता से सुकवियों को कोसने लगे।

एक ऐसा जमाना था जब सुमित्रा नंदन पंत, निराला, दिनकर, बच्चन, नवीन और गिरिराज कुमार माथुर जैसे उत्कृष्ट कवि नए रचनाकारों का आदर्श हुआ करते थे। बाद में ऐसा समय भी आया जब चुटकुलेबाज कवियों को नयी पीढ़ी अपना आदर्श मानने लगी। परिणाम यह हुआ कि सुरुचि संपन्न काव्य प्रेमी कविता से विमुख होते चले गए। तभी तो कवि सत्यपाल नांगिया ने ऐसे माहौल से आहत होकर लिखा था-

'चुटकुलों का नाम कविता हो गया
चुटकुलों की लाज रखना हे प्रभो!'

पंकज प्रसून की रचनाओं पर नजर डालता हूँ तो पाता हूँ कि वह व्यंग्य को गंभीरता से ग्रहण करते हुए, उसे संवेदनशीलता के सोपान प्रदान करते हुए, नई दिशा देने की ओर अग्रसर हैं। उनके सामने व्यंग्य के प्रमाणिक प्रतिमान हैं- चाहे हरि शंकर परसाई हों, चाहे श्रीलाल शुक्ल हों और चाहे शरद जोशी तथा गोपाल चतुर्वेदी हों।

'जनहित में जारी' की अधिकांश कविताएँ प्रतिपक्ष की कविताएँ हैं। उनमें प्रचलित मान्यताओं को अस्वीकार करने का नैतिक साहस है क्योंकि वह राजनैतिक अवसरवाद की खिल्ली भी उड़ाती है और उसे नकारती भी है। कवि के पास विषयों की भरमार है। कवि ने नए विषय उठाए हैं और कुछ पुराने विषयों को नए शिल्प के साथ कहा है। अनेक कविताओं के शीर्षकों जैसे कि 'एमजी मार्ग का टेंडर', 'कैबिनेट', 'दो जुओं की कहानी', 'भूरा कबूतर सफेद लिबास', 'पत्थर भी रोता है', 'आज भारत बंद है', 'विधवा पेंशन', 'अँधेरे में भारत का भविष्य', 'खाओ और खाने दो', 'शापिंग मॉल बनाम शौचालय' अपनी मारक क्षमता के कारण व्यंग्य को सार्थकता प्रदान करती हैं। पंकज प्रसून ने पूरी मौलिकता के साथ विज्ञान के माध्यम से व्यंग्य कहने का अनूठा प्रयास किया है, जिसमें सफल भी रहे हैं। 'चाय में दही', 'गढ़-तंत्र की झाँकी', 'मूषक व्यथा', 'सत्ता की बायोकेमेस्ट्री', 'फेसबुक पुराण' जैसी रचनाओं में व्यंग्य के सर्वथा नवीन प्रयोग किए गए हैं। जैसे कि-

'वह देश को अब तक नहीं ला पाए लाइन पर
इतना क्या कम है रोज ऑनलाइन दिख रहे'
'जहाँ पर खून हिंदुस्तान के रग-रग में बहता है
वहाँ की पत्तियों में आज क्लोरोफिल नहीं मिलता'
'कर रहे वो साइन इन और साइन आउट
जिनको करना साइन तक आता नहीं है'

संग्रह की पहली कविता 'एमजी मार्ग का टेंडर' पढ़कर गाँधीजी के रास्ते पर चलते वालों का दंभ भरने वालों की व्यवसायिक मानसिकता को सरलता से बयान कर देती है। यह कविता अपने तेज-तर्राक व्यंग्य के कारण नागार्जुन की इन प्रसिद्ध पंक्तियों की याद ताजा कर देती है-

'बेच-बेच कर
गाँधीजी का नाम
बटोरो वोट, निपोड़ो खीस
बैंक बैलेंस बढ़ाओ
राजघाट पर बापू की समाधि के आगे
अश्रु बहाओ'

आज गाँधी मार्ग पर चलने वाले अथवा उसका निर्माण करने वाले लोगों से पंकज प्रसून यह सवाल कहते हैं कि-

यह कैसा महात्मा गाँधी मार्ग है?
जहाँ न सड़क खुदी है
उस पर रोड़े-ही-रोड़े हैं
सीवर खुला है पानी बह रहा है
मार्ग बनवाने वाला बोला-
आपकी बात सही है
गाँधी के पथ पर चलना आसान नहीं है
हम इसको और कठिन बनाते हैं
इस पर सिर्फ दो तरह के लोग ही चल पाते हैं
या सत्य-अहिंसा के पुजारी
या फिर अतिक्रमणकारी
क्या आप अतिक्रमणकारियों से निपटने के लिए
ठोस कदम उठाते हैं?

उपरोक्त पंक्तियों के प्रकाश में कहा जा सकता है कि पंकज प्रसून के व्यंग्यों में प्रश्नाकूलता है जो पाठक अथवा श्रोता को व्याकुल करने की क्षमता रखती है।

इसी प्रकार 'हमारी लूटमार पार्टी' कविता में भ्रष्टाचार, सामूहिक घूसखोरी, घोटालों को निशाना बनाते हुए कवि ने पार्टी का मैनीफेस्टो इन पंक्तियों में जारी किया है-

हमारी लूटमार पार्टी का टिकट लीजिए
हमारी पार्टी औरों से भिन्न है
टिकट के लिए योग्यता निम्न है-
आवेदक को सामूहिक घूसखोरी का मर्ज हो
नाम आला घोटालों में दर्ज हो
मनमोहक लुभावना फेस हो
खिलाफ में चार सौबीसी का केस हो
जातिवादी दिमाग किंतु समाजवादी दिल हो
नौकरशाहों के तबादले में महारत हासिल हो
जिसका पीए विधवा पेंशन खाता हो
चपरासी के घर ठेकदारों का कमीशन आता हो
सर कढ़ाई में हो घी में दोनों हाथ
भ्रष्टाचार करे पर सतर्कता के साथ
पाखंडी हो बागी हो
जीवन मूल्यों का त्यागी हो
बाकी हाई कमान को पता है
इतना बता दूँ श्रीमान,
दल बदलू होना वांछनीय किंतु
डकैत होना अनिवार्य योग्यता है

थोड़े में कहें तो पंकज प्रसून की कविताएँ उनके कवि के भविष्य के बारे में आश्वस्त करती हैं कि वे जनहित में व्यंग्य कविताएँ लिखते रहेंगे और उनकी कविताएँ तथाकथित व्यवसायिक कवियों की रचनाओं के मुकाबले ज्यादा धारदार, प्रभावी, मानवीय पीड़ाओं को उभारने वाली और युगीन विसंगतियों को आईना दिखाने वाली सिद्ध होंगी। मैं समझता हूँ कि अपने पहले ही संग्रह में पंकज प्रसून ने स्वयं को समुचित ईमानदारी से पाठकों के समक्ष प्रस्तुत किया है। कवि के रूप में उनका भविष्य इसी निष्ठा और साधना पर निर्भर करता है। मेरी हार्दिक शुभकामनाएँ।

डॉ. शेरजंग गर्ग
बी-290, सुशान्त लोक फेज-1
गुड़गाँव-122001

व्यवस्था से पीड़ित हर शख्स को समर्पित

अनुक्रमणिका

एम जी मार्ग का टेंडर

हमारे देश में दो तरह के गाँधीवादी पाए जाते हैं
एक जो महात्मा गाँधी मार्ग पर चलते हैं
और दूसरे जो महात्मा गाँधी मार्ग बनवाते हैं
मैंने मार्ग बनवाने वाले से पूछा–
''यह कैसा महात्मा गाँधी मार्ग है?
जहाँ सड़क खुदी है उस पर रोड़े–ही–रोड़े हैं
सीवर खुला है, पानी बह रहा है
मार्ग बनवाने वाला बोला–
''आपकी बात सही है
गाँधी के पथ पर चलना आसान नहीं है
हम इसको और कठिन बनाते हैं
इस मार्ग पर सिर्फ दो तरह के लोग ही चल पाते हैं
या तो सत्य–अहिंसा के पुजारी
या फिर अतिक्रमणकारी''
''क्या आप अतिक्रमणकारियों से निपटने के लिए
ठोस कदम उठाते हैं?''
बोले– ''बिलकुल
पर कदम इतने ठोस होते हैं कि मार्ग में
गड्ढे हो जाते हैं''
मैंने पूछा– ''क्या आप इन गड्ढों को भरने के लिए
मिट्टी डलवाते हैं?''
बोले– ''बिलकुल नहीं, बारिश आती है और
गड्ढे भर जाते हैं''
हे गाँधी! तुम अपने मार्ग का निरीक्षण करने
मत आना
बेहतर होगा कि मैरीन ड्राइव चले जाना
क्योंकि आपकी लाठी किसी गड्ढे में फँस जाएगी

जिसको आप नहीं निकाल पाएँगे
अगर ज्यादा जोर लगाएँगे
तो सत्य और अहिंसा की
जमीन धँस जाएगी
यहाँ कुछ गाँधीवादी आपके मार्ग को
निज स्वार्थ के अनुकूल ढाल रहे हैं
आपने देश के लिए नमक निकाला था
और ये लोग
देशवासियों का नमक निकाल रहे हैं
आपने दांडी-यात्रा कराई थी
ये दंड-यात्रा कराते हैं
हर शहर, हर कस्बे में आपके मार्ग बनवाते हैं
इनका तो आपसे जनम-मरण का साथ है
देश के सारे एमजी मार्गों का टेंडर
इन्हीं नाथूरामों के हाथ है।

कैबिनेट

मेरे ड्राइंग–रूम में एक कैबिनेट है
जो घर के अतिसुरक्षित स्थान पर सेट है
उस कैबिनेट में मौजूद है सजावटी सामानों का ढेर
साथ में लाफिंग बुद्धा, क्राकरी और एक शेर
ये सारे कैबिनेट की शोभा बढ़ाते हैं
हम इन्हें कभी गंदा नहीं होने देते
हम इनकी गंदगी को झाड़ते रहते हैं
दागों को साफ करते हैं
कैबिनेट वहीं रहता है
बस वस्तुएँ इधर से उधर धरते हैं
हमारे देश के कैबिनेट का भी कुछ ऐसा ही हाल है
जहाँ लगा है सजावटी सामान का ढेर
आप चुन लीजिए क्राकरी, लाफिंग बुद्धा या फिर शेर
हमारे घर का कैबिनेट देश के कैबिनेट से
ज्यादा अच्छा है क्योंकि
हम जब चाहें सामान बदल सकते हैं
देश के कैबिनेट का सामान बदलने में तो
पाँच साल लगते हैं।

दो जुओं की कहानी

कान पर रेंगने वाला जूँ
खून पीने वाले जूँ से वर्षों बाद मिला
असल में चुनाव करीब आ गया था
और नेता जी ने एक आम आदमी को
गले लगा लिया था
कान पर रेंगने वाला जूँ
काफी दुबला हो चुका था
उसका तेज खो चुका था
खून पीने वाले जूँ ने
उसके स्वागत में
आम आदमी का ताजा खून पेश किया
उसे पीकर उसके जान-में-जान आई
फिर उसने अपनी सारी व्यथा बताई
बोला- ''ऐ मेरे भाई
मुझे जिसके कानों में रेंगने के लिए
किया गया था डीप्यूट
उसने मुझे किया कई बार हूट
वो मुझे रेंगने ही नहीं देता था
जब भी रेंगने का दिन आता
शैंपू लगा लेता था
मैं वहाँ पर कुपोषण का शिकार हो गया था
मैंने सोचा था वहाँ मिलेगा
वीआईपी ट्रीटमेंट
और खून शुद्ध सौ परसेंट
मैंने तमाम वीआईपी सिरों की
शोभा बढ़ाई
कान पर रेंगने का किया प्रयास
लेकिन पूरी नहीं हो पाई खून पीने की आस''

खून पीने वाला जूँ बोला–
''पर तू चाहता तो नेताजी का खून
पी सकता था''
वह बोला–
''भाई मुझे नहीं पता था
कि जिसके कानों में मुझे रेंगना था
वह खुद खून चूसने वाला जीव था
अगर मैं उसका मिलावटी खून पीता
तो मुझे हो जाता इंफेक्शन
अपच और ब्लड एडिक्शन
मैं न ही खून पी पाया
और न ही रेंगने का सुख पा सका
अगर यह चुनाव न आता
तो मैं भूखों ही मर ही जाता
शुक्र है कि नेता जी ने आम आदमी को गले लगाया
और मैं तुमसे मिल पाया
अब मैं आम आदमी को छोड़कर नहीं जाऊँगा
उसके सर में घर बनाऊँगा
सच में जूँ आम आदमी के सर पर ही जीता–मरता है
मगर बात जब खून चूसने की हो तो
नेता के सामने पानी भरता है।

भूरा कबूतर, सफेद लिबास

एक सफेदपोश ने जब सफेद कबूतर
उड़ाया
तो भूरे कबूतर को बहुत गुस्सा आया
उसने सफेदपोश से पूछा–
''आप मुझे क्यों नहीं उड़ाते हैं?
क्या मैं शांति का प्रतीक नहीं हूँ?''
सफेदपोश बोला–
''तुम भूरे हो, तुम्हारे शरीर पर दाग हैं
तुम्हारा सिर्फ शिकार किया जा सकता है
मानता हूँ तुममे भी उड़ने की योग्यता है
पर
हाथ से नहीं
गोली से
कहो तो उड़ाकर दिखाऊँ
उड़ने से पहले पिजड़ों में बंद होना पड़ता है
अपना स्वाभिमान खोना पड़ता है
तुम जंगली हो, अनपढ़ हो, क्या ऐसा कर पाओगे
तुम गुलाम बनाने के काबिल नहीं हो
क्या बन पाओगे?''
कबूतर बोला–
''माना कि आप सही हो
पर दो–चार दिन पिंजड़े में वीआईपी ट्रीटमेंट
कौन नहीं चाहता
माना कि मैं थोड़ा ऐंठा रहता
पर कुछ दिन लालबत्ती लगे
पिंजड़े में तो बैठा रहता''
सफेदपोश बोला–
''पर सफेद रंग शांति का प्रतीक होता है

और तुम साफ–सुथरे नहीं हो
दाग हैं तुम्हारे तन पर''
कबूतर बोला–
''और आपके दामन पर
सफेद रंग शांति का प्रतीक होता है
यह उस महानुभाव ने कहा होगा
जिसने संसद नहीं देखा होगा''
उसकी वाक्–पटुता देख सफेदपोश
चमत्कृत हो गया
उसके तर्कों में खो गया
बोला–
''राजनीति में बोलने की ही खाते हैं
आओ तुम्हें लालबत्ती पिंजड़े में बिठाते हैं''
आजकल वह भूरा कबूतर सफेद लिबास में बैठा
उड़ने के लिए तैयार है
उसे बस
एक अदद दंगे का इंतजार है।

हमारी लूटमार पार्टी

जब कभी भ्रष्टाचार पर संकट आए
बेईमानी का स्खलन हो
स्वार्थ की नदी कट जाए
आप बिलकुल मत पसीजिए
आइए!
हमारी लूटमार पार्टी का टिकट लीजिए
हमारी पार्टी औरों से भिन्न है
टिकट के लिए योग्यता निम्न है-
आवेदक को सामूहिक घूसखोरी का मर्ज हो
नाम आला घोटालों में दर्ज हो
मनमोहक लुभावना फेस हो
खिलाफ में चारसौबीसी का केस हो
जातिवादी दिमाग किंतु समाजवादी दिल हो
नौकरशाहों के तबादले में महारत हासिल हो
जिसका पीए विधवा-पेंशन खाता हो
चपरासी के घर ठेकेदारों का कमीशन आता हो
सर कढ़ाई में हो घी में दोनों हाथ
भ्रष्टाचार करे पर सतर्कता के साथ
पाखंडी हो, बागी हो
जीवन-मूल्यों का त्यागी हो
बाकी हाई कमान को पता है
इतना बता दूँ श्रीमान
दलबदलू होना वांछनीय किंतु
डकैत होना अनिवार्य योग्यता है।

पत्थर भी रोता है

सड़क के किनारे गड़ा मील का पत्थर
यात्रा और गंतव्य में अंतर
समझता है
वह देखता है अपने पास लगे उस बोर्ड को
जिस पर लिखा होता है
'कार्य प्रगति पर है और
मार्ग अवरुद्ध है'
उसे लगता है यह जनहित के
विरुद्ध है
वह बोर्ड पर लिखा देखना चाहता है-
'कार्य प्रगति पर है फिर भी
विकास अवरुद्ध है'
मील का पत्थर सब जानता है
बारिश आते ही सड़कों का स्खलन
फिर उसकी मरम्मत का ठेका
और ठेके में कमीशन
मील के पत्थर पर लिखा होता है-
फलाँ शहर फलाँ किलोमीटर
वह चाहता है कि
इसके साथ लिखा जाय
'भ्रष्टाचार जीरो किलोमीटर'
मील का पत्थर देखता है
सड़कों पर लगने वाला जाम
आगजनी खुलेआम
धरना, रैलियाँ, विरोध प्रदर्शन
हिंसा, तोड़फोड़, अनशन
आँसू गैस के गोले पानी की बौछार
सुरक्षा बलों और जनता में तकरार

एक अन्य प्रकार का पत्थर
जिस पर बैठते हैं
चील और गिद्ध अक्सर
कहते हैं बीस साल पहले
सरकार ने इसको
पास किया था
लाखों की योजना का
शिलान्यास किया था
और करोड़पति बन गए थे
सुना है अब इसका उद्धार होने वाला है
लोकार्पण की जगह
जीर्णोद्धार होने वाला है
इन तमाम पत्थरों के बीच
एक ऐसा भी पत्थर है जो
जो अपने पर गर्व करता है
और शर्म भी
जब उस पत्थर के पास
से गणतंत्र-दिवस की झाँकी निकलती है
तो उसे अपने देश पर गर्व होता है
और जब
किसी नेता का पुतला जलाया जाता है
तो शर्म के मारे रोता है
यह विधानसभा से कुछ
दूरी पर लगा मील का पत्थर होता है
यह मील का पत्थर आज तक इस
रहस्य को नहीं समझ पाया है
कि आने-जाने वाली हर सरकार
देश के विकास में
मील का पत्थर कैसे स्थापित कर देती है
आज देश में इतने मील के पत्थर

स्थापित हो रहे हैं
प्रगति के पथ सँकरे होकर
अपनी पहचान खो रहे हैं
कौन कहता है सिर्फ कागजों पर हो रहा है
भारत-निर्माण
यह मील के पत्थर हैं विकास के ठोस प्रमाण।

हूटर

निंदा प्रस्ताव में शामिल
निंदकों की बढ़ती संख्या देखकर
मैंने विधायक जी से अनुरोध किया-
"निंदा को आप गंभीरता से लीजिए
कम-से-कम निंदा करने वालों को
आश्रय तो दीजिए
मैं तो कहता हूँ
निंदक नियरे राखिए
आँगन कुटी छवाय"
नेताजी बोले-
"आप सही हैं
पर आलीशान बंगले के आँगन में
झोपड़ी भला कैसे बनवाई जाय?
मैं तो निंदकों से बहुत प्रेम करता हूँ
ये मुझे नींद से जगाते हैं
बार-बार यह बताते हैं
कि भ्रष्टाचार में आखिर
कमी कहाँ रह गई
फिर मैं सचेत हो जाता हूँ
अगला घोटाला और भी कुशलता से कर पाता हूँ
यकीन मानो
मैं सारे निंदकों को सर आँखों पे बिठा कर चलता हूँ
हूटर तो मैं
गाड़ियों के ऊपर लगवा कर चलता हूँ
मंत्री बन जाने दो
हूटरों को
गाड़ियों के ऊपर लगवाने वाला हूँ"।

जनहित में जारी

नेता जी ने की चुनाव लड़ने की
पूरी तैयारी
और घोषणापत्र किया जनहित में जारी
''हे देश के बेरोजगारो!
तुम हो निरे चोंगा
माना कि तुम देश का भविष्य हो
लेकिन तुम सबको नौकरी दे दी तो
पार्टी के भविष्य का क्या होगा?
फोकट में बेशकीमती कार्यकर्ता कहाँ से आएँगे
तुम्हें क्या लगता है, ऑफिस में बैठकर साब नारे लगाएँगे
इसलिए तुम मुझे सत्ता दो मैं तुम्हें भत्ता दूँगा''
''हे देश के किसानो!
तुम तो खुद अन्नदाता हो
भारत के भाग्य-विधाता हो
किसी कवि ने कहा भी है-
हे किसान! तेरी कुटी राजभवन अनुहार
एक स्वेद कण हो रहा मोती मोल हजार
तो बावले तुझे बिजली पानी की क्या दरकार
जिनकी आँखों का पानी मर जाता है
वह नहरें नहीं खुदवाया करते प्यारे
इसलिए ऐ मेरे राजदुलारे
अगर भूमि पथरीली होती जा रही है
तो ये खुशी की बात है
पत्थर में भगवान होता है
ये मत कहो कि तुम गरीब होते जा रहे हो
तुम तो भगवान के और करीब होते जा रहे हो
भूल जाओ कि तुम्हारी आँतें सिकुड़ चुकी हैं
पेट खाली है

अरे तुम्हारी आत्मा तो परमात्मा से
मिलने वाली है
तुम मुझे खून दो मैं तुम्हें पसीना दूँगा''
''हे देश के भूखो, नंगो!
कटोरा संस्कृति की शान भीखमंगों
हम दोनों एक ही बिरादरी के नजर आते हैं
तुम माँग कर खाते हो और हम मार कर खाते हैं
मैं तुम्हें कंबल सहेज कर रखने के लिए
जूट का बोरा दे दूँगा
राशन की जगह इम्पोर्टेड कटोरा दे दूँगा
बाकी तो तुम खुद सक्षम हो
मुझसे किसी मामले में क्या कम हो
इसलिए तुम मुझे भीख दो मैं तुम्हें उगाही दूँगा
तुम मुझे राज दो मैं तुम्हें रजाई दूँगा''
''हे देश के बुद्धिजीवियो!
तुम तो हो समझदार
तुम्हें तो मालूम होगा कि महँगाई हमारे देश की
राष्ट्रीय निधि हो गई है
और भ्रष्टाचार राष्ट्रीय विचार
और हम ठहरे राष्ट्रवादी नेता
मैं देश की राष्ट्रीयता को खंडित नहीं होने दूँगा
शिष्टाचार को महिमामंडित नहीं होने दूँगा
अंधे विद्वान को भी महँगाई और भ्रष्टाचार दिखा है
व्यंग्यकारों ने तो बहुत लिखा है
इसलिए कवियो, लेखको, विचारको
मैं तुम्हारी रोजी-रोटी नहीं छीनूँगा
तुम मुझे वोट दो मैं तुम्हें विषय दूँगा''
''हे देश के ग्रामीणो!
तुम्हें कौन बताए आत्मा अजर है, अमर है
कभी नहीं मरती है

और भारत की आत्मा तो गाँवों में बसती है
इसलिए मैं तुम्हें शहर जैसी सड़कें, बिजली, बैंक
नहीं दे पाऊँगा
माफ करना आत्मा को बदल नहीं पाऊँगा
तुम मुझे भागफल दो मैं तुम्हें शेष दूँगा
तुम मुझे देश दो
मैं तुम्हें उपदेश दूँगा''
''हे देश के छात्रो!
इंटरनेट देश की मजबूरी है
यह सरकार चलाने और इंटर में मार्क्स लाने
दोनों के लिए जरूरी है
इसलिए मैं तुम्हें सूचनाओं का लॉलीपॉप दूँगा
तुम मुझे टॉप कराओ
मैं तुम्हें लैपटॉप दूँगा''
''हे देश की जनता!
ललना पाने के लिए
प्रसव का दर्द सहना ही पड़ता है
कुछ पाने के लिए कुछ खोना ही पड़ता है
और मैंने तो अपना धैर्य, धर्म, निष्ठा, आचरण, जमीर
सब तो खो दिया है
मैं तो बस निमित्तमात्र हूँ
आप दाता हैं, मैं दानपात्र हूँ।''

चाय में दही

संकरण का संक्रमण इस कदर फैला है
विष को छोड़ बाकी सब विषैला है
तभी तो मैं
पूर्ण हाइब्रिड जीवन जीता हूँ
चाय में दही मिलाकर पीता हूँ
गेंदे भी यूकेलिप्टस से गले मिलते हैं
मेरे गमले में संकरित फूल खिलते हैं
टमाटर की डाल पर झूला पड़ा है
बगीचे का अंगूर तरबूज से बड़ा है
आलू के छिलकों से पलंग मढ़ाता हूँ
तुलसी की छाँव तले गप्पें लड़ाता हूँ
आम की लताएँ पिछवाड़े लगवाई हैं
लौकी की लकड़ी से कुर्सियाँ बनवाई हैं
गले में स्फटिक के फूलों का हार है
मेरा तन-मन सहित जेनेटिक ढाँचा भी
संकरण का शिकार है
जो भी शिखरीय नेशन हैं
उनकी उन्नति का कारण म्यूटेशन है
जब किसी विद्वान का जीन
किसी मूर्ख के जेनेटिक ढाँचे में
फिट हो जाता है
तो वह भी कालिदास की तरह
डाल काटते ही हिट हो जाता है
गवाह भारत, पाक और चीन हैं
जेनेटिक इंजीरियरिंग अतिप्राचीन है
चाहे वो लंबोदर गणेश हों
या पवनपुत्र हनुमान
चाहे घड़े से जन्मीं सीता हों

या सूर्य का कर्णदान
एक टेस्टट्यूब में सौ-सौ कौरव समाए थे
भगवान राम तो उस फल की कृपा से
धरती पर आए थे
कुंभकरण जेनेटिकली बीमार था
दशानन तो म्यूटेशन का चमत्कार था
दो भिन्न-भिन्न प्रजातियों के संकरण से
हाइब्रिड जाति पैदा होती है
जो उन्नतशीलता के सारे रिकार्ड तोड़ देती है
इन हाइब्रिडों के सर पर ताज है
झोपड़पट्टी से लेकर ह्वाइट हाउस तक
इन ही मोडीफाइडों का राज है
सदाचारी जीन मनी से मोडीफाइड होकर
मूल्यों को खोता है
कभी-कभार यह संकरण खतरनाक भी होता है
कुंठा और वासना का संकरण
परिणाम बलात्कार
दहेज और कुरूपता का संकरण
परिणाम आत्मदाह
महँगाई और भुखमरी का संकरण
परिणाम आत्महत्या
शिक्षा और बेरोजगारी का संकरण
परिणाम चेन-स्नेचिंग, डकैती
इच्छा और उपेक्षा का संकरण
परिणाम नक्सलवाद
वोट और सत्ता का संकरण
परिणाम जातिवाद
धर्म और कुर्सी का संकरण
परिणाम संप्रदायवाद
धर्म और उन्माद का संकरण

परिणाम आतंकवाद
आज छल-कपट ईर्ष्या-द्वेषी जीन सक्रिय हैं
न्याय, नीति, बंधुत्व के जीन सुप्त हो रहे हैं
प्रेम के क्रोमोसोम पर स्थित
करुणा-मैत्री-दया के जीन विलुप्त हो रहे हैं।

लव आजकल

वैलेंटाइन डे के मौके पर प्रेमिका ने प्यार के नाम पर
माँग ली सोने की चेन
मैं भूल गया सोना, उड़ गया चैन
मैंने प्यार के नाम पर चाँदी के चेन दी तो
हो गई फिरंट
बोली– ''प्यार की इतनी कम कीमत?''
मैंने कहा– ''सौ परसेंट
प्यार के नाम पर तुमने चैन क्यों माँगी?
प्यार तो अनमोल होता है''
वह बोली– ''प्यार तोहफों के सहारे चलता है
और हर तोहफे का मोल होता है''
मैंने कहा– ''तोहफे माँगना करो बंद''
वह बोली– ''हे चिरकुटानंद!
तोड़ लो मुझसे सारे संबंध
क्या तुमको पता नहीं है
हमारे देश में माँगना राष्ट्रीय फैशन है
कुछ लोगों के लिए तो यह पैशन है
यह देश हमें माँगना सिखाता है
यहाँ डोनेशन के नाम पर घूस माँगी जाती है
बेटे के नाम पर दहेज माँगा जाता है
जाति के नाम पर वोट माँगा जाता है
नैतिकता के नाम पर इस्तीफा माँगा जाता है
धर्म के नाम पर चंदा माँगा जाता है
मौत के नाम पर मुआवजा माँगा जाता है
फिर मैंने प्यार के नाम पर एक चेन माँगकर
क्या गलत किया?''
प्रेमिका का प्रवचन सुनकर
मैंने कहा– ''अपना मतलब साफ करो''

वह बोली- ''मुझे माफ करो
तुम्हारा दिल चेन के बिल से कहीं
छोटा है
तुम्हारी हालत पतली है
और मेरा गला मोटा है''
मैं उसको मान गया
प्रेम का अर्थशास्त्र जान गया
मेरी तरह के गरीब मजनूँ
लैला की ख्वाहिशें
पूरी नहीं कर पा रहे हैं
लैला के तर्कशास्त्र के आगे
नहीं ठहर पा रहे हैं
आज का मध्यमवर्गीय मजनूँ
अंदर-ही-अंदर जल रहा है
क्योंकि प्यार दिल के नहीं
बिल के सहारे चल रहा है।

शॉपिंग मॉल बनाम शौचालय

'हमारे मन में दुःख है, दर्द है क्लेश है
भारत कैसा देश है ?
जहाँ पग-पग पर विविधताओं से
साक्षात्कार हो जाता है
शॉपिंग मॉल जाने वाली लड़की का
ब्वाय फ्रेंड बन जाता है
और शौच पर गई लड़की के साथ
बलात्कार हो जाता है
कौन कहता है
रहनुमाओं को चिंता रहती है
बलात्कार की
और पीड़िता के घाव की
अरे उनको तो चिंता है
सरकार की
और आगामी चुनाव की।

बेशकीमती कविता

संयोजक ने एक वेलरेटेड कवि को
कवि-सम्मलेन में बुलाने के लिए
फोन किया
''आइए कविवर, हमें भी सेवा का एक मौका दीजिए''
कवि जी बोले- ''ठीक है, पर पेमेंट?''
''आप पेमेंट की चिंता बिलकुल मत कीजिए''
कवि जी को लगा इसका कॉन्फिडेंस बता रहा है
कि यह मुझको जमकर पेमेंट करने जा रहा है
कवि जी ने कवि-सम्मेलन में खूब वाहवाही लूटी
पर कवि सम्मेलन के बाद खुद लुट गए
संयोजक फरार
कवि की गुम हुई सिट्टी-पिट्टी
तभी एक श्रोता दौड़ते हुए लेकर आया चिट्ठी
जिस पर लिखा था- ''हे कवि श्रेष्ठ!
आपने कवि सम्मलेन बहुत जमाया
शुक्रिया!
पर कविता तो बेशकीमती होती है
मैं इसकी कीमत लगा नहीं पाया
मैंने आप को कोई धोखा नहीं दिया है
मन में मेरे लिए बैर-भाव
बिलकुल न भरें
आप पेमेंट की चिंता छोड़कर
साहित्य की चिंता करें।''

आज भारत बंद है

पुलिसवाला बोला–
''आज भारत बंद है''
मैंने पूछा–
''किस थाने में?''

वह विरोध प्रदर्शन को
सफल बनाने पर
तुला हुआ था
कमाल देखिए
उस दिन भारत बंद था
पर इंडिया गेट खुला हुआ था
मैंने पूछा–
''श्रीमान, क्या आप यह गेट बंद करवा पाएँगे?
आप तो व्यवस्था को लेकर विरोध करेंगे
और व्यवस्था बिगाड़ेंगे
मैं जानता हूँ
आप हॉकी और डंडे से लैस हैं
ईंट और पत्थर पीठ पर लादे हैं
आपके मजबूत इरादे हैं
आप इन मजबूत इरादों से बसों के कमजोर शीशे तोड़ देंगे
इससे आप कौन–सी देश की दिशा मोड़ देंगे
क्या आप उनके घरों के शीशों को तोड़ पाएँगे
शायद नहीं
क्योंकि उनके घरों के शीशे आपके इरादों से कहीं ज्यादा
मजबूत हैं
जिनको तोड़ नहीं पाते यमदूत हैं
आपके ट्रेन रोक देने से
क्या गाड़ी पटरी पर आ जाएगी?

नहीं साब
सिर्फ जनता बिफर जाएगी
आपका जिसके प्रति गुस्सा है
आक्रोश है
क्या वह बस से चलता है?
ट्रेन में धक्के खाता है
आपको इतना भी समझ नहीं आता है
क्या आपने कभी बस की विधायक सीट
पर बैठा कोई विधायक देखा?
स्लीपर में बैठा कोइ जननायक देखा
तुमारे पास विरोध के स्वर हैं
उनके पास हेलीकॉप्टर है
और जब हेलीकॉप्टर उड़ जाता है
तो विरोध का स्वर उनके कानों तक नहीं पहुँच पाता है
इसलिए जमीन पर तोड़-फोड़ छोड़िए
हवा में उड़िए, जहाज तोड़िए
मैं जानता हूँ इंडिया गेट खुला-का-खुला रहेगा
आप सिर्फ भारत बंद करवाओगे
जहाँ वीआईपी
इंडियागेट के रास्ते से निकल जाएगा
और आम आदमी भारतीय द्वार पर
चीखेगा-चिल्लाएगा
इसलिए इस हिंसक प्रदर्शन को बंद करें
मेरा आपसे अनुरोध है''
प्रदर्शनकारी बोला-
''यह जनता का जनता के लिए जनता के द्वारा
किया जा रहा विरोध है''
मैंने कहा यह तो आम जनता के खिलाफ षड्यंत्र है
वो बोला- ''यही तो लोकतंत्र है।''

विधवा-पेंशन

वो कातिलों की बस्ती में बड़ा नाम कर रहे हैं
आजकल हक मारने का काम कर रहे हैं
मैंने देखा
डीएम आवास के पास
सरकारी कागजों में लिपटी
मोहरों से पटी
एक महिला पड़ी
कराह रही थी
मुझे देख आवाज लगाई–
''रुको मेरे भाई
मुझे पूरी तरह से मार दो
मेरा गला घोंट दो
मैं अब जीकर क्या करूँगी
मेरा सुहाग उजाड़ दिया गया है
मेरे हक को मार कर गाड़ दिया गया है''
मैंने पूछा– ''तुम कौन हो बहन?''
बोली– ''सामाजिक रूप से अभागन
जिसे सरकारी जुबान में कहते हैं विधवा-पेंशन।''

चीनी मिट्टी का नट-बोल्ट

बाढ़ पीड़ित क्षेत्र का हवाई सर्वेक्षण कर रहे नेताजी ने देखा
डूबती फसलें, उतराती नस्लें, बहते छप्पर, तैरते जानवर
और मुस्कुराए मंद-मंद
'भाई ऊँचे लोग ऊँची पसंद'
तभी नीचे से आवाज आई- "नेताजी, बचाइए-बचाइए!
हमारे घर में पानी भर गया है"
मैं बोला- "चुप हो जा भाई
उनके आँखों का पानी मर गया है"
तभी अचानक हैलीकॉप्टर की खिड़की टूट गई
टंकी में लीकेज होने लगा
सीट फिसल गई
यूँ समझिए नेता जी की हवा निकल गई
किसी तरह से पायलेट ने उनको बचाया
पैराशूट लगाकर नीचे कुदाया
नीचे गिरते नेता के हाथ से तभी एक नट-बोल्ट
टकराया और टूट गया
फिर तो उनका दिमाग चकराया
बोले- "चीनी मिट्टी का नट-बोल्ट
अरे ये तो वही जहाज है जिसकी खरीद में मैंने
कमीशन खाया था"।

वो दूरदर्शी हैं

वो क्रोएशिया और इंडोनेशिया के
व्यापार समझौते पर चिंतन कर रहे हैं
पारागुए और क्यूबा के सामरिक महत्व
पर मंथन कर रहे हैं
उनकी नजरें रहती हैं
हॉलैंड के समाजवाद पर
ब्राजील के उदारवाद पर
वो बाराबंकी की समस्याएँ नहीं देख पाते हैं
लोग-बाग बताते हैं वो दूरदर्शी हैं
पास वाला चश्मा नहीं लगाते हैं।

चिपको आंदोलन

विकास का रथ रुक गया है
सारा मंत्रिमंडल कुर्सी से
चिपक गया है
वो कुर्सी पर अपना सारा जोर
आजमाना चाहते हैं
चिपके हैं, क्योंकि पीठ नहीं
दिखाना चाहते हैं
मैंने कहा कि इस चिपकू नेता को
कुर्सी से अलग करो
इनके दामन पर बहुत बड़ा दाग है
उनको खींचा गया पर साथ में कुर्सी खिंच गई
तो मालूम हुआ
कुर्सी उनकी पीठ का ही एक भाग है
कुर्सी तो उनकी प्रेमिका है
जिससे चिपकने के लिए वो
हर इल्जाम ओढ़ सकते हैं
अपनों से किया हर वादा तोड़ सकते हैं
लोकसभा से लेकर राज्यसभा तक
विधानसभा से लेकर नगर निगम तक
न्याय पंचायत से लेकर ग्राम पंचायत तक
चिपकू प्रजाति के जीव बहुतायत
मात्रा में पाए जाते हैं
चिपकने में अपनी
सारी ऊर्जा लगाते हैं
समर्पण भाव से चिपकना ही
इनका जीवन है
यह हमारे नेताजी का
चिपको आंदोलन है।

अँधेरे में भारत का भविष्य

दिन रात खाने और सोने वाले
एक आलसी से मैंने पूछा–
''देश तुम्हें पुकार रहा है
इसके लिए कुछ–कुछ काम करो'
ऊँघते हुए बोला– ''भाई ऐसा है
तुम भी एक तकिया लगा लो
और मेरे साथ आराम करो''
मैंने फिर आवाज लगाई
''जागो उठो चलो
देश को तुमसे बहुत उम्मीदें हैं भाई
तुम भारत का भविष्य हो''
बोला–
''देख नहीं रहा बत्ती गुल है
देश का भविष्य अँधेरे में है
अँधेरे में ही रहने दो
मैं गाँधीवादी हूँ
सोना तो मेरी मजबूरी है
न बुरा देख सकता हूँ, न सुन सकता हूँ, न बोल सकता हूँ
और इसके लिए सोना बहुत जरूरी है
स्वास्थ्य के तमाम नियम हैं, कायदे हैं
पर यकीन मानिए सोने के बहुत फायदे हैं
इससे सासों के कोष का संरक्षण होता है
दुरुस्त पर्यावरण होता है
दंगों में कमी आती है
अपराध बंद हो जाते हैं
बेरोजगारी थम जाती है
हम सोएँगे तो हम कम पिएँगे, कम खाएँगे
अन्न और जल दोनों बचाएँगे

भाई साब, सोने से ओजोन तक बचाई जा सकती है
जब हम कार्य करते हैं तो साँसों की गति तेज हो जाती है
भारी मात्रा में हमारे फेफड़ों से कार्बन डाई ऑक्साइड निकलती है
और ऑक्सीजन खो जाती है
और यही कार्बन डाई ऑक्साइड
ओजोन में कर रही है सुराख
सोने से साँसों की गति मंद रहती है
और जब लग जाती है आँख
तो स्वास्थ्य, समाज और पर्यावरण
तीनों दुरुस्त रहते हैं
आप देश के भविष्य का रोना क्यों रो रहे हैं
यहाँ कुछ लोग तो
जागते हुए भी सो रहे हैं
इसलिए आप भी नींद में खो जाइए
चादर तानिए, सो जाइए।

मदर टेरेसा से मोनालिसा तक

हम स्क्रीन टच करते हैं
चरण स्पर्श नहीं
हमें पासवर्ड याद हैं
पड़ोसी नहीं
दीवार पर मोनालिसा दिखती है
मदर टेरेसा नहीं
गमले में मनीप्लांट दिखता है
तुलसी नहीं
लैपटॉप प्यारा है
माँ की गोद नहीं
हमें समंदर से प्यार है
गाँव के ताल से नहीं
हम कुत्ते से प्यार करते हैं
बूढ़े पिता से नहीं
गर्लफ्रेंड की हर बात स्वीकार
माँ की नसीहतें नहीं
हम बीस रुपए की टिप दे देते हैं
भिखारी को पाँच रुपए नहीं
गरीबी दर्शाने वाली तस्वीर की कीमत हजारों में
पर गरीब की कुछ नहीं
सच में
अब आँखें ऊँची नाक देखने में मगन हैं
और उसी नाक के नीचे फैला है विराट सूनापन।

चोर-चोर मौसेरे भाई

एक आला चोर
जिसने हर तरीके से बिजली चुराई
भविष्य में बिजली मंत्री बना तो
बिजली चोरों को पकड़ने की मुहिम चलाई
मजे की बात तो यह हुई कि
एक शातिर बिजली चोर ने
मंत्री जी के ही कनेक्शन से कटिया फँसाई
वह पकड़ा गया उस पर मुकदमा चला
जज बोला-
''शर्म नहीं आती बिजली मंत्री के कनेक्शन से
बिजली चुराता है?''
चोर बोला-
''हाँ साब,क्या करूँ
भाई ही भाई के काम आता है।''

नेताजी का वैलेंटाइन

रोज डे पर नेताजी ने गुलाब की जगह काँटे दे दिए
प्रपोज किया तो गाल पर चाँटे दे दिए
चोकलेट डे पर लॉलीपॉप थमाए
टेडी डे पर वायदों का झुनझुना लेकर आए
प्रॉमिस डे तो हम सालों से लगातार झेल रहे हैं
हग डे पर गलाकाटी का खेल खेल रहे हैं
किस डे यानी सूखे होंठों को चूसती महँगाई डायन
प्रियवर, यह है हमारे नेताजी का वैलेंटाइन।

खाओ और खाने दो

एक गोदामी चूहा जब
संसदीय चूहे से मिला
उसका चेहरा खिला
बोला– ''कैसे हो बड़े भाई ?
कितने दिनों बात मेरी याद आई !
अरे तुम तो सफेद नजर आने लगे हो
क्या देश को खाने लगे हो ?''
संसदीय चूहा बोला–
''भाई मैं संसद की कैंटीन का अनाज खाता हूँ
तभी तो नेता नजर आता हूँ
संसद की कैंटीन में है मोटा माल
तुम बताओ अपने हाल ?''
गोदामी चूहा बोला–
''सरकारी व्यवस्था से त्रस्त हूँ
अनाज कुतरने में व्यस्त हूँ''
संसदीय चूहा बोला–
''भाई तुम्हारे बुरे दिन आने वाले हैं
सांसद चूहामुक्त गोदाम बिल लाने वाले हैं''
ऐसा सुन गोदामी चूहे ने अपना बिल और बड़ा किया
उसमें दाने डालकर उसको कड़ा किया
और विरोधी तेवरों में बोला–
''हम भूख हड़ताल करेंगे
जिससे सारा अनाज सड़ जाएगा
फिर नेता बंदरबाँट भी नहीं कर पाएगा
इसलिए उनको समझा देना
उनकी राजनीति तब तक चलेगी जब तक जनता
भूखी है
अगर हमने उपवास कर दिया

तो अनाज सड़ेगा
विपक्ष का डंडा पीठ पर पड़ेगा
और मेरा खाने का समय हो गया है
जाने दो
नेताजी से बोल देना
खाओ और खाने दो।"

उच्चस्तरीय वार्ता

मैंने देखा एवेरेस्ट के शिखर पर
धर्म और ईमान के विक्रेता बैठे थे
यानी देश के भ्रष्टाचारी नेता बैठे थे
मैंने पूछा– ''यहाँ क्यों बैठे हैं माननीय
क्या संसद से ऊब गया है मन?''
बोले– ''चुप रहो, यह है शिखर सम्मलेन''
मैंने फिर आवाज लगाई–
''इस शिखर सम्मलेन से आम आदमी का
कोई रिश्ता नाता है?''
बोले– ''बिलकुल नहीं
यह उच्चस्तरीय वार्ता है।''

फादर्स डे

मैंने देखा
दुलत्ती में सधा
एक भारतीय गधा
सड़क पर ठहाके मार रहा था
मैंने पूछा–
''अरे गधे! तू इतना खुश क्यों है?
क्या किसी गदही ने तुझे आँख मारी है?
या फिर हरा चारा खाने की तैयारी है?
बड़े दिनों बाद मुस्कुराए हो
क्या विधायकी का टिकट पाए हो?''
गधा धेंचुवाया
भावनाएँ इस तरह जताया–
''ऐ देश के आम इंसान!
यह खुशी जाहिर करने का मॉर्डन वे है
तुझे मालूम नहीं है क्या
आज फादर्स दे है?''
मैं बोला–
''बेशक तूने ढेंचू-ढेंचू गाया है
पर माफ करना
अभी तुझे बाप बनाने का वक्त नहीं आया है
ममता बोर्डिंग में
जबसे हम इंसानों की संवेदनाएँ शून्य हुई हैं
भावनाएँ बिक रही हैं
आजकल ममता बोर्डिंग में
और माताएँ होर्डिंग में दिख रही हैं।''

सरप्राइज

1\.
मैं सरकारी अस्पताल में भर्ती हुआ
और नहीं मरा।

2\.
बाबू ने बिना पैसे के बना दिया
डेथ सार्टिफिकेट।

3\.
पुलिस दुर्घटना से पहले
घटना स्थल पर पहुँची।

4\.
घोटाला करने वालों को मंत्री पद
जेबकतरे को हवालात।

5\.
फरक्का एक्सप्रेस
राइट टाइम मिल गई।

नुस्खा

एक पागल सड़क पर चिल्ला रहा था–
''भाई साब आइए
मात्र पचास रुपए में
फाइव स्टार होटल में खाना खाने का
नुस्खा पाइए''
मैंने कहा– ''ये लो पचास रुपए पहले
खा के दिखाइए''
उसने होटल में तीन हजार का खाना खाया
वेटर को पचास की नोट देने लगा
वेटर बोला–
''पचास रख लीजिए
पूरे तीन हजार दीजिए''
पागल ने उसको दे दी गाली
मैनेजर ने पुलिस बुला ली
और उसको कानून को हवाले कर दिया गया
फिर तो जैसे उसने
कानून को लूट लिया
पुलिस को पचास की नोट दी और छूट लिया।

पाँव पर दो कविताएँ

1.

शहर में पिछले महीने
बत्तीस डकैती, चालीस चैन स्नेचिंग, तीस बलात्कार
जनता नेताजी को रही थी पुकार
पर उनको नहीं आई एक भी हिचकी
उनके पैरों के नीचे से जमीन भी नहीं खिसकी
हिचकी तो उन्हें तब आती है जब वो चुनाव लड़ते हैं
और जमीन खिसकेगी कैसे
जीतने के बाद पैर ही जमीन पर कहाँ पड़ते हैं!
उनकी नाक के नीचे तेजाब फेंका जा रहा है
एसिड अटैक से नारी जलाई जा रही है
पर उनकी नाक इतनी ऊँची है कि
तेजाब तीक्ष्ण गंध उनके नाक तक
पहुँच ही नहीं पा रही है।

2.

नेताजी देश की तरक्की के लिए
मजबूत और ठोस कदम उठाने को तैयार हैं
आजकल पील पाँव के शिकार हैं।

भ्रष्टाचार वेड्स महँगाई

नेता जी का बेटा
बहुत लंबा हो गया था
बिलकुल खंभा हो गया था
उनको बेटे की शादी की चिंता
सता रही थी
पर इतनी लंबी बहू
नहीं मिल पा रही थी
अंततः उन्होंने अखबार में
शादी का विज्ञापन छपवाया
एक गरीब अपनी बेटी का
प्रस्ताव लेकर आया
नेताजी का दिमाग चकराया
बोले- "तेरी इतनी औकात?"
पर जब गरीब ने बताई पूरी बात
तो हो गई दोनों की
सगाई
नेताजी के बेटे का नाम था
भ्रष्टाचार
और गरीब की बेटी थी
महँगाई।

साहित्य की दुकान

आइए आपको दिखाते हैं साहित्य की दुकान
यहाँ पर मौजूद है हर तरह का सामान
फुटपाथ पर लगे ठेले पर बिक रही हैं
सस्ती कविताएँ
हर रंगों की कविताएँ
कुछ देशी, कुछ विदेशी
ड्राई क्लींड कविताएँ
जो सुबह तो गंदी दिखती हैं
पर शाम ढले ठेलों पर एकदम साफ
ये कविताएँ देश की आम जनता खरीदती है
कुछ कविताएँ जो शोरूम में
सुसज्जित हैं, ब्रांडेड
बड़ी दुकान का लेवल
देखने में आकर्षक
पर समझ में न आने वाली
ऐसी कविताओं के ग्राहकों को
एलीट वर्ग का कहा जाता है
वो इन कविताओं को खरीदकर सिर्फ
अपने कैबिनेट में सजाता है
एक ऐसा भी साहित्य है
जिस पर एक पॉलीथिन और एक पिन
लगी होती है
जिसको पलटकर नहीं देख सकते
यह थोक माल
ग्राहक की जिज्ञासा को परवान
चढ़ा देता है
और ग्राहक पचास रुपये का नोट दुकानदार की ओर
बढ़ा देता है

हमारी दुकान में एक ऐसा भी साहित्य है
जिसे पढ़ने मात्र से शरीर में
रासायनिक परिवर्तन होने लगते हैं
ऐसे साहित्य को हम दराजों में
छिपाकर रखते हैं
रिक्शे वाले, ठेले वाले ऐसे साहित्य के
नियमित ग्राहक हैं
अगर आपके पास ज्यादा पैसे नहीं हैं
तो भी हमारी दुकान पर पधारिए
अगर खरीद नहीं सकते हैं
तो साहित्य किराए पर ले जाइए

ऐसे परिवर्तनशील साहित्य को
सबसे ज्यादा खरीदा जाता है
बंदा इस साहित्य की विशेषता बतलाता है-
जनवादी हो या मार्क्सवादी
प्रगतिशील हो या विवादी
हर जात हर धर्म के
हर खेमे, हर कर्म के
साहित्यकार
चोरी-छिपे इस साहित्य को खरीदने आते हैं
खुद को ट्रेन का मुसाफिर बताते हैं
कुछ ऐसे भी नियमित ग्राहक हैं जो
इस साहित्य को किराए पर ले जाते हैं
ये पाठक इसी साहित्य को पढ़कर सोते हैं
यह रिक्शे और ठेले वाले होते हैं
मैं जानता हूँ कि आपको मेरी बात
खल रही है
आपने जबसे गुट बनाए हैं
मेरी दुकान खूब चल रही है।

आ-चरण

यह देख नेता जी का दिमाग फिर गया
आज एक संत उनके चरणों में गिर गया
बोला-
''मैंने घर-बार त्यागा, अर्थ त्यागा
विकार त्यागे, इच्छाएँ त्यागीं
त्यागा आहार और विहार
और आपने सिर्फ एक चीज त्यागी- शिष्टाचार
और महान हो गए
लोकतंत्र के भगवान् हो गए
इसलिए संतों के महासंत!
जंत्री दीजिए, यंत्र दीजिए
तरक्की का गुरुमंत्र दीजिए
मुझे अपना बल दीजिए
फलाहारी हूँ, फल दीजिए''
नेताजी बोले-
''मेरे चरण मत पड़िए महाराज
मैं नरक में जाऊँगा''
संत बोला- 'मैं आपके पीछे-पीछे आ जाऊँगा''
नेताजी बोले-
''चरण तो मुझे आपके छूने चाहिए
इस बार चुनाव लड़ने की पूरी तैयारी है''
संत बोला-
''एक टिकट दिलवा दीजिए गुरु जी
आपके चरण मेरे आचरण पर भारी हैं''।

विदेशी बैंकों का सरताज

डॉलर के मुकाबले रुपया गिरा
और वो उसे उठाने के लिए
रुपए से भी ज्यादा गिर गए
दोनों के गिरने में फर्क बस रत्ती भर है
रुपए के गिरने का नियत स्तर है
पर उन्होंने रुपए को उठाया
बहुत ऊपर तक उठाया
विदेश की बैंकों तक पहुँचाया
तभी तो हमें देश के रुपए पर नाज है
क्योंकि भारत का रुपया विदेशी बैंकों का सरताज है।

सड़कीला

''नेताजी, देश का नाम खराब हो रहा है
कल डोमेस्टिक एयरपोर्ट पर
एक सड़कछाप चेन स्नेचर ने
जिसकी चेन खींची थी
वह एक विदेशी बाला है''
नेता जी बहुत खुश हुए
बोले– ''जश्न मनाओ
उसने तो एयरपोर्ट को इंटरनेशनल कर डाला है।''

नींद में विकास का सपना

नेताजी साल में एक बार रोजा-इफ्तार कराते हैं
फिर ईद का चाँद हो जाते हैं
वो साल में एक बार जागरण भी कराते हैं
फिर पंचवर्षीय निद्रा में लीन हो जाते हैं
नेताजी संसद में सोते पाए गए
उन पर तरह-तरह के इल्जाम लगाए गए
वो बोले-
''ये सारे आरोप निराधार हैं
जिस समय विपक्ष के नेता
सवालों की बौछार फेंक रहे थे
उस समय हम नींद में देश के विकास का
सपना देख रहे थे।''

त्याग की पराकाष्ठा

वो दिल्ली में रहकर
घर बार त्यागे रहते हैं
देश भले ही देश पीछे चला जाय
पर चुनावी रेस में हमेशा आगे रहते हैं
इसलिए अपना पोटेंशियल देख उन्होंने
एथलेटिक प्रतियोगिता में
भाग लेने की ठानी
किसी की सलाह नहीं मानी
पूरे देश में चर्चाएँ होने लगीं–
''क्या नेताजी यह दौड़ जीत पाएँगे
देश को गोल्ड मैडल दिलाएँगे''
नेताजी बोले–
''इस दौड़ में मेरी जीत निश्चित है भाई
ये धावक मुझे क्या छू पाएँगे
जब नहीं छू पाई सीबीआई।''

शहीद से बढ़कर साला

मित्रो, आज आपको मिलवाता हूँ
देश के दलालों से
और चर्चित घोटालों से
राष्ट्रमंडल घोटाला
यानी सोने के मेडल हीरों की माला
बेचारी जनता कलमाड़ी जैसे खिलाड़ियों की जेबें
नहीं सूँघ पाती है
क्योंकि देश की नाक के नाम पर
जनता की नाक काट दी जाती है
इसमें ग्लैमर है नेम है, फेम है
यह आशाओं के इनडोर स्टेडियम में
खेला जाने वाला
अमीरी का कामनवेल्थ गेम है
दूरसंचार घोटाला
यानी ज्ञान की मधुशाला
हमारी युवा पीढ़ी
टेक्नोलॉजी पर मरती है
अब मोबाइल बदलने की जगह
स्पेक्ट्रम बदलने की बात करती है
यह देश तब से आवारा हो गया है
जब से भ्रष्टाचार के स्पेक्ट्रम का
गैर-कानूनी बँटवारा हो गया है
आदर्श सोसायटी घोटाला
यानी शहीद से बढ़कर साला
मदर्स, फादर्स, ब्रदर्स
एक्सेप्ट अदर्स

ये है हमारे सोसायटी के आदर्श
हे देश के सैनिको!
सरफरोशी की तमन्ना
दिल में भर लेना
पर शहीद होने से पहले बीवी-बच्चों के लिए
एक झोपड़े का इंतजाम कर लेना।

गणित के दो छात्र

गणित का एक छात्र जिसे सिर्फ जोड़ना
सिखाया गया
भविष्य में खादी पहनी
और हाथ जोड़ते पाया गया
उसने जमीन जोड़ी, धन जोड़ा
माफियाओं संग दामन जोड़ा
पूँजीपतियों से संपर्क जोड़े
गुंडों से तार जोड़े
सैकड़ों संस्थाएँ जोड़ीं
समाजसेवी हजार जोड़े
उसके जोड़ का कोई तोड़ नहीं था
उसका हर गठजोड़ सही था
इसी गठजोड़ के चलते वह
विजेता बन गया
यानी कि जोड़ने वाला छात्र
देश का नेता बन गया
गणित के दूसरे छात्र को
सिखाया गया घटाना
उसने वजन घटाया, जमीन घटाई, धन घटाया
उसने हमेशा घाटे का सौदा किया
बच्चा सिर्फ एक पैदा किया
घटाने के कम्पटीशन में दे दी है
दुनिया को मात
जेब में पैसों की जगह रखता है
ऋण के कागजात
बिना घटाए उसका कोई काम नहीं बनता
आप क्या सोच रहे हैं जनाब!
वह दूसरा छात्र है देश की आम जनता।

घड़ियाल हँस-हँस कर मर रहे हैं

मेरे दिमाग में आइडिया आया धाँसू
शहर छोड़ कर चंबल गया
देखने के लिए डाकू
मैंने देखा वहाँ के सारे भूतपूर्व डाकू
लिख रहे थे हाइकु
ये बागी थे
कुछ ऐसे भी मिले
जो दागी थे
मुझे याद आया अपना शहर
कड़ाके की सर्द
और फुटपाथ पर बैठा दुबला-पतला
पेश है यह मतला-
''चोर डाकू आ गए हैं छोड़कर चंबल
बाँटते दिख जाएँगे फुटपाथ पर कंबल''
मेरे दिमाग में आया ख्याल
क्यों न देख लिया जाय घड़ियाल
मैंने सुना था घड़ियाल विलुप्त हो रहे हैं
नदियों से खो रहे हैं
मैंने साहित्य में इनके आँसुओं के
बारे में बहुत पढ़ा था
थोड़ी देर बाद मैं घड़ियालों के सामने
खड़ा था
और मेरे सामने घड़ियाल ठहाके मार-मार
हँस रहा था
मैं आश्चर्यचकित था
मैंने बहुत अकल लगाई
आखिर घड़ियाल क्यों हँसा भाई ?

क्या पानी में लाफिंग गैस मिला दी गई थी
या उसे भांग की गोली खिला दी गई थी
घड़ियालों के अस्तित्व पर संकट है
फिर भी ये हँसने में रत है
मैंने यह बात जब एक राजनैतिक विश्लेषक
को बताई
तो वह बोले- ''सुनो भाई!
घड़ियाल हँस-हँस कर मर रहे हैं
क्योंकि आँसू बहाने का काम
देश के नेता कर रहे हैं।''

लूज में गेन

अजीब आश्चर्य है
चुनाव जीतने के बाद भी वो हमारे घर
आते हैं
मिश्र तिवारी पांडे सबके घर बराबर
जाते हैं
रोज कालोनी के चक्कर लगाते हैं
ऐसा कृत्य करके वह जनता को
कन्फ्यूज कर रहे हैं
चुनाव जीतने के बाद मोटे हो गए थे
आजकल
फैट लूज कर रहे हैं।

एक समंदर ऐसा भी

हमारे देश में
भ्रष्टाचार का एक बड़ा समंदर है
जिसके अंदर है
स्वार्थ की शार्क, लोभ की व्हेल
छल का मगर, द्वेष की ऑक्टोपस
पाखंड का घोंघा बसंत
परंतु इतने से नहीं है अंत
इस समंदर में आकर मिलती हैं
मक्कारी, दगाबाजी, हरामखोरी
झूठ फरेब रिश्वतखोरी
जैसी छोटी-छोटी नदियाँ
जो बनाती हैं इसको खारा
ऐसा मानना है हमारा
कि नल-नील जिस पत्थर को
स्पर्श कर देते थे
वो समंदर में तैरने लगता था
आज भी हो रहा है
ऐसी ही तैराकी का उत्कर्ष
वो पत्थर इस समंदर में अठखेलियाँ करते हैं
जिन्हें मिल जाता है
राजनीति का स्पर्श।

खेल

सीने में देश भक्ति धड़क उठी थी
जनता भ्रष्टाचारी मंत्री के खिलाफ भड़क उठी थी
आंदोलन, घेराव, धरना ,अनशन
देश भर में हिंसक प्रदर्शन
भ्रष्टाचारी को खत्म करने की कसम खाई थी
जनता तो नेताजी को मारने पर उतर आई थी
ऐसी विषम परिस्थितियों में
आलाकमान ने आपातकालीन बैठक बुलाई
एक योजना बनाई
''जनता में आक्रोश भरा है
हमारे नेता को जान-माल खतरा है''
जब हर श्रेणी की जनता सड़कों पर
उतर आती है
तो कोई एक्स, वाई, जेड किसी श्रेणी की
सुरक्षा काम नहीं आती है''
इस मीटिंग की बाद खेला गया खेल
यानी नेता को सम्मान सहित जेल
जनता खुश हुई
उसको न्याय का भ्रम है
उसको यह नहीं पता कि
सुरक्षा की दृष्टि से जेल सर्वोत्तम है।

फेसबुक पुराण

1.
खुल गए उनके अकाउंट फेसबुक पर
बैंक में जिनका कोई
खाता नहीं है
कर रहे वो साइन इन और साइन आउट
जिनको करना
साइन तक आता नहीं है।

2.
दिखा हेरोइन की फोटो
हमें उल्लू बनाती हैं
यहाँ कुछ दादियाँ
मदमस्त प्रोफाइल दिखाती हैं
उनके एक स्टेटस पे सौ-सौ
लाइक होते हैं
पचासों चुल्ल्बाजों की
सदा रिक्वेस्ट आती है।

3.
एक सौ इक्यावन हुआ
आज भीख का रेट
सुबह भिखारी ने किया
स्टेटस अपडेट
स्टेटस अपडेट रोज वो करते फट-फट
जिनका स्तर शून्य
नहीं कोई स्टेटस
कह 'प्रसून' कविराय
बना लो मन को पावन

और कटोरे में
धर दो एक सौ इक्यावन।

4.
फेसबुक सीखकर अब
ट्विटर सीख रहे
कुछ भी वो आँय-बाँय
वॉल पर हैं लिख रहे
वो देश को अब तक नहीं ला पाए
लाइन पर
इतना क्या कम है
रोज ऑनलाइन दिख रहे।

5.
एक फेसबुकिया जो फेसबुक पर
निपटाता है सारे अप्वाइनमेंट, सारी मीटिंग
मित्रों से करता है चैट
और बॉस से चीटिंग
वह बात नहीं करता है
हमेशा रौ में रहता है
जो सोशल नेटवर्किंग से नहीं जुड़े हैं
उनको असामाजिक कहता है
वह बता रहा था
उसे बीस हजार से ज्यादा लोग
फालो करते हैं
हजारों अनुयायी पैदा करने वाले
गौतम-गाँधी
उसके यहाँ पानी भरते हैं
यह दोस्त को नहीं लाइक करता है

बल्कि पोस्ट को लाइक करता है
वह घर बैठे खड़ा कर सकता है
आंदोलन
आमरण अनशन
ऐसा ही एक फेसबुकिया
ऑफिस में हमेशा लेट आता है
मगर आने से पहले उसका
स्टेट्स अपडेट आता है।

व्यंग्य मुक्तक

1.

ऐसी सफाई कर दी
जमींदार हो गए
लेकर के कालाधन
वो तड़ीपार हो गए
घपला घोटाला करके
खरीदी थी फरारी
जब जाँच हुई
बैठकर फरार हो गए।

2.

कुछ नेता कमीशन पे
कमीशन हैं खा रहे
कुछ जाँच कमीशन पे
कमीशन बिठा रहे
कुछ हैं जो पाँचों उँगलियाँ
घी में भिगो रहे
कुछ हैं जो सीबीआई पे
उँगली उठा रहे।

3.

समंदर की है बेचैनी
उसे साहिल नहीं मिलता
यहाँ तो आदमी का आदमी से
दिल नहीं मिलता
जहाँ पर खून हिंदुस्तान का
रग-रग में बहता है
वहाँ की पत्तियों में आज
क्लोरोफिल नहीं मिलता।

4.

कैसे बने सहारा दिल
ब्लड पंपिंग से हारा दिल
प्यार घटा है, फैट बढ़ा है
कोलेस्ट्राल का मारा दिल।

लॉलीपॉप देने वाले

वोट-बैंक देखकर फूलते-पिचकते हैं
आए दिन रोज कुर्ते की नाप दे रहे
धोती, लूँगी, नेकर के लिए तरसाने वाले
आया जो चुनाव तो वो जींस टॉप दे रहे
डॉक्टर को सलाह दे रहे हैं झोलाछाप
कवियों को कलम अँगूठा छाप दे रहे
देश की प्रगति का है सुंदर उदाहरण
लोलीपॉप देने वाली लैपटॉप दे रहे।

भैंस महँगी या चारा

दूधिये ने एक दिन अचानक
दूध का रेट बढ़ाया
मुझे बहुत गुस्सा आया
मैं बोला–
''तुम सरकार जैसे क्यों होते जा रहे हो ?
एक महँगाई बढ़ा रही है
और तुम दूध के दाम बढ़ाते जा रहे हो
क्या भैंस महँगी हो गई है
या महँगा हो गया है चारा
और मेरा चढ़ रहा है पारा क्योंकि
तुमने दूध का दाम अचानक
परवान चढ़ा दिया है''
वो बोला– ''क्या करूँ साब,
सरकार ने वाटर टैक्स
बीस प्रतिशत बढ़ा दिया है।''

गढ़तंत्र की झांकी

दृश्य–1

गणतंत्र दिवस की सुबह
सेना की टुकड़ी
पुल के ऊपर से गुजरी
धारा से संविधान रूठ गया
और पुल देश के कानून की तरह
टूट गया
ठेकेदार को जेल चीफ इंजीनियर की छुट्टी
सरकार ने पिलाई जाँच आयोग की घुट्टी
जाँच आयोग की त्वरित रिपोर्ट आई
'पुल टूटने का कारण तो मार्च–पास्ट है भाई'
पुल की आवृत्ति का कदमों की आवृत्ति से
अद्‌भुत नाता है
दोनों के बराबर होने पर पुल टूट जाता है
इसे विज्ञान की भाषा में रीजोनेंस कहा जाता है
तुरंत स्थितियाँ बदलीं–
ठेकेदार बहाल इंजीनियर खुशहाल
मेजर का कोर्ट मार्शल
सैनिकों को सजा
ये है असल गणतंत्र का मजा
सच तो यह है
लोकतंत्र के खंभे टिकाऊ होते हैं
उन पर बने ब्रिज बिकाऊ होते हैं
जिन्हें समाज के इंजीनियर और ठेकेदार
लूट जाते हैं
पक्ष–विपक्ष की लेफ्ट–राइट से डेमोक्रेसी के पुल
अक्सर टूट जाते हैं।

दृश्य-2

गणतंत्र दिवस की शाम
आजादी का कत्ल खुलेआम
छुट्टी के दिन रईसजादे छुट्टा घूम रहे थे
बियर और ह्विस्की होंठों से चूम रहे थे
हिप-हिप-हुर्रे साथ में धुएँ के छल्ले
एक बोला-
''यार नए साल के बाद इतनी मस्ती
आज नसीब हुई है''
दूसरा-
''पर मस्ती अभी सस्ती है दोस्त!
अपन तो महँगी मस्ती का आदी है''
''तो शुरू कर, आज तो आजादी है''
तभी उनकी वासनासिक्त नजरें
ट्यूशन पढ़ाकर वापस लौटती
मध्यमवर्गीय सायरा पर पड़ गई
उच्चवर्ग की नीचता परवान चढ़ गई
सायरा पलट कर भागी
तभी एक रईसजादे की चेतना जागी
बोला- ''यार गणतंत्र दिवस है
देश पर उपकार कर
आज कानून के दायरे में रहकर बलात्कार कर''
गिरफ्त में सायरा
और बगल में टीकमगढ़ थाने का दायरा
गणतंत्र की आवाज घुट गई
आजादी संविधान के दायरे में रहकर लुट गई
लोकतंत्र के उड़ते चीथड़ों के बीच
सायरा मीडिया की ब्रेकिंग न्यूज
महिला संगठनों का मुद्दा

परिवार का कलंक
संसद का शून्यकाल
एवं समाज का शून्य बन गई थी
लोकतंत्र का घाव और भी गहराने लगा
तभी आजादी का एक तेज झोंका आया
और
सायरा का फटा दुपट्टा तिरंगे से
लिपटकर चौक पर लहराने लगा।

शर्म-हया भी शर्माए

अजब-गजब हैं नीति नियंता अजब-गजब आवाम
सबके अपने-अपने साकी सबका अपना जाम
सबकी अपना संविधान है
सबकी अपनी मौलिकता
निजी स्वार्थ के खातिर नेता
जम कर जनसेवा करता
अजगर भी अब करे चाकरी पंक्षी करते काम
इज्जत की इज्जत बिकती है
रोज लुटेरा लूटा जाए
डाकू के घर पड़ी डकैती
शर्म-हया भी शर्माए
आम से ज्यादा हुए देश में गुठलियों के दाम
खाकी खादी की गुलाम है
पिंजड़े में है आजादी
सत्य-अहिंसा स्वाहा करके
बनते हैं गाँधीवादी
रावण संग गठबंधन करता इस कलयुग का राम
भ्रष्टाचार के अश्वमेघ में
घोड़े बाँध लिए जाते
पुण्य प्रताड़ित पाप जीतता
ध्वजा अधर्मी लहराते
सौ-सौ चूहे खाकर बिल्ली करती चारों धाम।

विस्फोट उत्सव

आतंकियों के मानवता का मटियामेट किया
और नटवरलाल ने
विस्फोट उत्सव सेलीब्रेट किया
टीवी पर नजरें गड़ी थीं
उँगलियाँ रिमोट पर अड़ी थीं
चाय की चुस्कियों संग
आनंद कर रहे थे अचीव
हैप्पीनेस विद कैजुअल लीव
जवान ने ग्रेनेड दागा
आतंकी बम लेकर भागा
उसकी खोपड़ी उड़ी
तोप दाईं ओर मुड़ी
वो पीछे से मारा
खून का फव्वारा
उड़ गए चीथड़े
माँस के लोथड़े
रिपोर्टर के पास बम फूटा
लुच्चे ने कैमरा लूटा
बारूद बैग में रखे
धज्जियाँ परखचे
धाँय-धुक्क-धड़ाम
शांति नीरव सन्नाटा
सहसा चीखें हताशा
हथगोले की झपकी
लाश छत से टपकी
हारर का फड़का
थ्रिलर का तड़का
सस्पेंस का लाइव शो

मजेदार गरमा-गरम
टेस्टी पकौड़ियों के साथ
बीच में ब्रेकिंग न्यूज
बाथरूम का बल्ब फ्यूज
कैप्टन कुर्बान
विपक्ष का बयान
पक्ष की जवाबदेही
परदे पर बहस
कहीं गोलगप्पे, कहीं गश
इस्तीफों का दौर
चारों ओर
सदन में हंगामा
लोकतंत्रीय ड्रामा
लाशों पर से गुजरती राजनीति
कहीं दुआ, कहीं इल्म
बड़ी रोचक फिल्म
नेतानगरी के हीरो
डेमोक्रेसी के विलेन
सत्ता की हेरोइन
कुर्सी के ही-मैन
जज्बातों का आक्रमण
विचारों का अतिक्रमण
अटकलों की माला
जबरदस्त मसाला
बीस जवान शहीद
पचास लोग घायल
चालीस मर गए हैं
हुक्मरान
मुआवजे की रकम परिजनों के हाथ धर गए हैं
और मिस्टर नटवरलाल

इस उत्सव का पूरा लुत्फ उठाते हुए
काजू का पैकेट खाली कर गए हैं
इस अपूर्णनीय क्षति से पूरे देश में सन्नाटा
पसर गया था
सारा देश म्यूट मॉड पर लग गया था
नटवरलाल ने भी टीवी की म्यूट कर दी वाल्यूम
इस तरह एक और सीएल कंज्यूम।

नेताजी के चार कुत्ते

नेताजी चहुँमुखी प्रतिभा वाले हैं
चार वैरायटी के कुत्ते पाले हैं
एक सूँघता है दूसरा भौंकता है
तीसरा चाटता है और चौथा काटता है
सूँघने वाले कुत्ते का रंग लाल है
सेंटीमेंटल है और सेंसटिव खाल है
यह विरोधी दल के
अघोषित मुद्दे सूँघ लाता है
घर आए याचक के जूतों की गंध से
जेब की स्थिति का पता लगाता है
नासिका की गंध-विभेदन शक्ति से
खुशबू-बदबू की सहज अभिव्यक्ति से
कुछ पलों में बता देता है
कौन कंगाल है?
कौन मालामाल है?
दुर्गंध से इसका गहरा नाता है
वोटबैंक फिसल न जाए
इसलिए गंदी गलियों के चक्कर लगाता है
इसको स्लमडॉग भी कहा जाता है
नेताजी का दूसरा कुत्ता
खूब बातें छौंकता है
रंग सफेद है
बहुत भौंकता है
'असत्यं वदामि' इसका मूलमंत्र है
जाति धर्म से इतर
कीचड़ उछालने को
स्वतंत्र है
वोट की खातिर कुछ भी कहता है

चुनाव प्रचार में इसका
खास योगदान रहता है
इसमें भौंकने के हुनर सीखे हैं
जिसके कई तरीके हैं
जब यह बेरोजगारी और भुखमरी का
मुद्दा उठाता है
तो सर उठाकर भौंकता पाया जाता है
जब सरदार के दामन पर
दाग लगता है
तो इसकी पूँछ झुक जाती है
तब भौंकने में आत्मविश्वास नहीं रहता है
पों-पों की आवाज आती है
विरोधी की चाल धीमी हो तो
घेर के भौंकते हैं
सरपट दौड़ता है तो
पीछे से भौंकते हैं
कभी-कभी ये भौंकने में बहुत आगे बढ़ जाते हैं
तो इंडिया गेट पर भौंकते पाए जाते हैं
नेताजी का तीसरा कुत्ता
बहुत ज्ञानी नहीं है
पर तलुए चाटने में इसका कोई
सानी नहीं है
यह खाकी रंग में नजर आता है
अगर तलुए नहीं चाटता है तो इसका
ट्रांसफर हो जाता है
यह नोटों की गद्दी पर
करुण भाव से लेटता है
नेताजी के सामने पूँछ हिलाता है
और जनता के बीच ऐंठता है
इसे तो कोई भष्टाचारी नेता ही

पालता है
गर इस कुत्ते को अच्छे से खिलाया-पिलाया न गया
तो विरोधी से साँठ-गाँठ कर
मालिक का इनकाउंटर कर डालता है
नेताजी ने चौथा इस तरह का पाला है
काटने में उस्ताद है
रंग काला है
ये पिंजड़ों में भूखे रखे जाते हैं
ब्लैकमेलिंग, अपहरण और हफ्ता-वसूली में काम आते हैं
ये अपराध की वाचिक परंपरा को नहीं मानते
क्योंकि
भौंकना ही नहीं जानते
कोडवर्ड में इनकी परिभाषा है
शांत मौन भाषा है
यह अपने भिन्न-भिन्न पैने दाँतों का
समुचित प्रयोग करता है
न लड़ता है, न झगड़ता है
बस काटने को ही अपना
जन्मसिद्ध अधिकार समझता है
धर्म को स्वार्थ के दाँतों से
जाति को संप्रदाय के दाँतों से
सभ्यता को पश्चिमी दाँतों से
परंपरा को अंग्रेजी दाँतों से
यह कुत्ता हर बात काटता है
समानता कायम रहे इसलिए
हिंदू-मुस्लिम-सिख-ईसाइयों में
बोटियाँ बराबर-बराबर बाँटता है।

गंगा की क्या बिसात

भगीरथ जी गंगा पर झल्लाए-
''मैंने तुम्हें भेजा था
स्वच्छ नीर पिलाने के लिए
विशेषकर पाप से मुक्ति दिलाने के लिए
फिर भी पाप तो परवान चढ़ता जा रहा है
नैतिकता विलुप्त हो रही है
सदाचार बंद है
ये तुम्हारा कैसा प्रबंध है ?''
गंगा बोली- ''सर, मैं पाप-मैल धुलती हूँ
लोग तौलिये से रगड़-रगड छुड़ाते हैं
और फिर तौलिया घर ले जाते हैं
सपोज कीजिए
कोइ गुंडा पाँच किलो का पाप
लगाकर नहाने आया
मैंने तीन किलो तक पाप धुल दिया
बाकी दो किलो शरीर में लगाकर बाहर आया
शरीर पोंछा और दो किलो पाप निकलकर
तौलिये में समा गया
अब जब उस तौलिये को घर वाले
यूज करेंगे तो
पाप के कीटाणु उनके बदन में उतरेंगे
इस तरह से पाप का संक्रमण एक से दूसरे को
होता रहता है
और पापी मुझमें डुबकी लगाकर
धोता रहता है''
भगीरथ बोले-
''फिर दोष किसका
पापी का, तुम्हारा या फिर तौलिये का ?

अब तुम्हें इसका हर्जाना भरना पड़ेगा
तुम्हारी पाप निवारक शक्ति का
परीक्षण करना पड़ेगा''
देश के सारे पापी नेता बुलाए गए
खूब रगड़-रगड़ के नहलाए गए
इस बार गंगा को शिकायत का कोई मौका
नहीं देना था
इसलिए मैल भरी तौलियाँ भी प्रवाहित कर दी गईं
गंगाजल का विश्लेषण किया गया
पाप को संसद की प्रयोगशाला में टेस्ट किया गया
टेस्ट तो पाप-निगेटिव आया
आश्चर्य की बात तो ये हुई
गंगा जी से खतम हो गए सारे पाप
वो हो गई निर्मल और साफ
भगीरथ चकराए
इसका कारण पूछने के लिए
टॉप मोस्ट पापी नेता के घर आए
नेताजी बोले-
''मुझमें पाप खींचने की अद्‌भुत क्षमता है
मैं अपने पाप का कोटा इस तरह पूरा करता हूँ
दूसरों का पाप खींचकर अपने अंदर भरता हूँ''
भगीरथ जी को यह बात समझ न आई
आप इतनी बड़ी गंगा के अंदर का पाप कैसे पी गए भाई ?
नेताजी बोले- ''आला दर्जे का पियक्कड़ हूँ
पीने मैं बड़ा मजा आता है
और मेरी क्षमता पर उँगली मत उठाइए
बंदा एक अरब जनता का खून तक पी जाता है
जब मेरे पाप को कोई साबित न कर पाया
चाहे वो हो हाईकोर्ट या सुप्रीमकोर्ट की बात
तो भला इस गंगा की क्या बिसात!''

मूर्खता के दायरे

जैसे-जैसे हम विकास की सीढ़ियाँ चढ़ रहे हैं
मूर्खता के दायरे बढ़ रहे हैं
मूर्ख बनाने के सबके अपने-अपने फंडे हैं
जिनके पास अनोखे हथकंडे हैं
उदाहरण के तौर पर ले लीजिए
रामपुरवा का सरकारी अस्पताल
जिसमें बैठते हैं डॉक्टर नटवरलाल
वह विभाग की आर्थिक दशा को लेकर चिंतित हैं
एक ही नाम की दवा अलग-अलग मर्जों में देकर निश्चिंत हैं
वह मूर्ख बनाने के लिए जाने जाते हैं
डिग्री तो फिजीशियन की है
पर माल मिले तो सर्जन भी बन जाते हैं
आज ही उन्होंने मरीज के सीने की फोटो खींचकर
उसे हार्ट एक्स रे बताया है
और पैसों की जगह बीस किलो चावल लेकर
उसको मूर्ख बनाया है
इसी मूर्ख बनाने की श्रेणी के अगले सिपेहसालार
एक आला दर्जे के साहित्यकार
आला लेकर समाज की नब्ज टटोलने को तैयार
भंडारे के नाम पर चंदा लेकर
कविताओं की किताब छपवाई
जिसकी पांडुलिपि एक मृतपाय कवि के
दराज से चुराई
साहित्य भूषण झटक लाए हैं
पाठकों को मूर्ख बनाए हैं
भाइयो! इस अदभुत मूर्खता का असर पूरे देश में दिखा है
खास लोगों की किस्मत में नेता
और आम आदमी की किस्मत में सिर्फ मूर्ख बनना लिखा है।

सत्ता की बायो कमेस्ट्री

पिछले दिनों एक डॉक्टर ने नेता जी को
उनकी बीमारियों को मेडिकल शब्दावली में बताया
उनको कुछ समझ नहीं आया
बोले– ''इतनी मेहरबानी कीजिए
बीमारियों की जानकारी हमारी भाषा में दीजिए''
डॉक्टर बोला–
''पारा भुखमरी की तरह बढ़ रहा है
ब्लडप्रेशर भ्रष्टाचार की तरह परवान चढ़ रहा है
धमनियों में हवाला हो गया है
क्योंकि खून में चीनी–घोटाला हो गया है
यह ईमान का हीमोग्लोबिन खोने वाला है
लगता है लोहा घोटाला होने वाला है
जाँच आयोग ने आपके फेफड़ों में दमा कर रखा है
क्योंकि आपने धमनियों में
कोलेस्ट्रोल रूपी काला धन जमा कर रखा है
सत्ता के कैल्शियम ने असर दिखाया है
तभी तो मैंने दिल की जगह पत्थर पाया है
विपक्ष के विषाणुओं का जोर है
आपका प्रतिरक्षी तंत्र कमजोर है
जबसे आपको ब्याज में मुनाफा हुआ है
लीवर की गंदगी में इजाफा हुआ है
नाड़ी लाई–डिटेक्टर की तरह काम कर रही है
नर्वस सिस्टम वीक है
हृदय त्यागपत्र देने वाला है
बाकी सब ठीक है।''

डोंट बी संतुष्ट

''माननीय नेताजी!
कैसे मान लूँ आपकी चहुँमुखी
विकास की बातें सही हैं
जब क्षेत्रवासी आपसे संतुष्ट ही नहीं हैं
आपकी योजनाओं में कहीं-न-कहीं पोल है
तभी तो हर ओर
असंतुष्टि का माहौल है''
नेता जी बोले-
''बिला वजह संतुष्टि का माहौल मत बनाइए
इस दुनिया में भला कौन संतुष्ट है बताइए?
भाई भाई से असंतुष्ट है
पति लुगाई से असंतुष्ट है
अफसर कमाई से असंतुष्ट है
मकान-मालिक बाई से असंतुष्ट है
कोई वैभव से असंतुष्ट है
तो कोई संपदा से
कोई खुद से असंतुष्ट है
तो कोई खुदा से''
नेताजी से कुछ और पौराणिक
उदाहरण उठाए
''क्या इंद्र स्वर्ग से और राम सीता से संतुष्ट हो पाए
अरे इस देश में बहुत लोग तो गौतम-गाँधी से भी रुष्ट थे
आप बताए क्या रामराज में सभी लोग संतुष्ट थे?
मैं तो एक अदना-सा नेता हूँ
आज कल इंसान असंतुष्टि में जीता
और मरता है
'डोंट बी संतुष्ट' के जमाने में
'संतोषं परम सुखम्' का जाप भला कौन करता है!

सोचो, अगर जनता हमसे संतुष्ट हो गई
तो हमारी कुर्सी समझो गई
क्योंकि जब इंसान संतुष्ट हो जाता है
तो उसके मन में विरक्ति भाव आ जाता है
सीधा-साधा आदमी संन्यासी बन जाता है
आज लोकतंत्र में असंतुष्टि का भाव पल रहा है
समाज और सत्ता दोनों का काम चल रहा है।''

मेहनती बनाम टैलेंटेड

जब रोशनलाल की रचना
इक्कीसवीं पत्रिका के संपादक ने
सधन्यवाद वापस लौटाई
तब जाकर
उनकी अकल ठिकाने आई
थोड़ा खिसियाए हुए
डायरी बगल में दबाए हुए
मेरे घर आ धमके
मैं मौके पर उन्हें मिल गया
अगले ही पल उनकी
डायरी देख हिल गया
वह मौके की नजाकत समझ कर बोले-
''चाय-कॉफी भले मत पिलवाइए
पर मेरी कालजयी रचना
ले-दे कर कहीं छपवाइए''
मैंने पूछा- ''यह कालजयी क्यों है
यह तो बताइए?''
रोशनलाल बोले-
''जब किसी मूढ़ साहित्यकार की गूढ़ रचना
इक्कीस संपादकों की
कॉलबेल बजाती है
हर आउट गोइंग के बाद
जब इनकमिंग आ जाती है
तो ऐसी तिरस्कृत रचना
हमारी जुबाँ में पुरस्कृत रचना
कालजयी कही जाती है''
मैंने सलाह दी-
'तो ऐसी कालजयी रचनाओं का

संकलन छपवाइए
और हिंदी साहित्य में अमर हो जाइए''
रोशनलाल बोले–
''अगर रचना किसी पत्रिका में नहीं
नहीं छपवाऊँगा
तो ग्रंथ लांचिंग के पहले का
ट्रेलर कैसे दिखला पाऊँगा ?''
मैं बोला–
''क्या बताऊँ
साहित्य अपने मूल्यों को खो रहा है
आपकी तरह का
हर प्रबुद्ध साहित्यकार रो रहा है''
रोशनलाल बोले–
''तो मैं साहित्य का मूल्य
बढ़ा दूँगा
संपादक के कर कमलों में
रचना के साथ पाँच सौ का नोट
चढ़ा दूँगा
और संपादक से तो आपका अच्छा टर्म है
यही कविता का मर्म है''
मैं बोला– ''साहित्य बिकाऊ नहीं है''
वो बोले–
''तभी तो टिकाऊ नहीं है
अगर तुलसी, रहीम इस युग में आते
तो अछंद, अगीत, अकविता के सामने
क्या ठहर पाते ?''
''तो आप समकालीन लेखन करिए
गद्य की छाती पर
कविता दरिए''
रोशनलाल जी बोले–

''समकालीन लेखन का महत्व
नेताजी के चरित्र की भाँति
घटता जा रहा है
गृहयुद्ध से पीड़ित हिंदी साहित्य
चुनावी पार्टियों की तरह
टुकड़ों में बँटता जा रहा है''
''हम जैसे रचनाकार
महाकाव्य लिखने के बावजूद
भटक रहे हैं
और क्षणिका लिखने वाले
पुरस्कार-दर-पुरस्कार झटक रहे हैं
साहित्य का बेड़ा गर्क है''
मैं बोला-
''मेहनती और टैलेंटेड रचनाकार में
यही फर्क है।''

साहित्य के चार 'क'

हमारे शहर में हर साल
एक अद्‌भुत मेला लगता है
जहाँ बर्गर, पिज्जा, सैंडविच के साथ
किताबों का ठेला लगता है
ज्ञान-विज्ञान के सागर में गोते लगाए जाते हैं
साहित्य के चार 'क'
लेखक, पाठक, आलोचक, प्रकाशक
एक ही पंडाल के नीचे पाए जाते हैं
पुस्तकें तो डिस्काउंट रेट पर मिलती हैं
पर लेखकों के भाव बढ़ जाते हैं
कुछ तो विमर्शी सीढ़ियों के सहारे
साहित्य की छत पर चढ़ जाते हैं
एक लेखक ने तो अनोखी युक्ति अपनाई
खुद के हस्ताक्षर वाली पुस्तक
तीन गुने रेट पर बिकवाई
प्रोफेसर टंडन तो गजब कर रहे थे
किताबों का जखीरा डिग्गी में भर रहे थे
मैंने पूछा-'सर किताबें कितने में खरीदी?'
बोले- ''फ्री में
कुछ लेखकों ने पाठ्‌यक्रम में शामिल
कराने के लिए गिफ्ट में दी हैं''
मैंने जिज्ञासा जताई-
''क्या आप सारी किताबें पाठ्‌यक्रम में
शामिल कराएँगे''
बोले- ''नहीं जी, कुछ पान वाले को दे देंगे
और कुछ रद्‌दी वाले को बेच आएँगे''
मेले के साहित्यिक पंडाल में
एक स्त्रीवादी लेखिका

पुरुष विरोधी मानसिकता को लेकर अड़ी थी
वहीं सत्तर वर्षीय सीनियर सिटीजन की नजरें
फैशन वर्ल्ड मैगजीन के कवर पेज पर गड़ी थीं
मैंने पूछा- ''दादाजी ये साहित्य का कैसा मोड़ है?''
दादाजी बोले-
''बेटा, यह पुरुष प्रधान समाज का
स्त्रीवादी दृष्टिकोण है।''

चुनावी डब्ल्यूडब्ल्यूएफ

भारत का चुनाव डब्ल्यूडब्ल्यूएफ फाइट है
कोई अंडरटेकर तो कोई खली की तरह टाइट है
चुनाव रेसलिंग का अखाड़ा है
चुनावी लड़ाकुओं का जमावड़ा है
पहलवान आते ही हुँकार भरते हैं
पल-पल पाला बदलते हैं
कब इधर-से-उधर खो जाएँ
कब इधर-से-उधर हो जाएँ
कुछ कहा नहीं जा सकता
पर इनके बगैर रहा नहीं जा सकता
स्थापित अनुभवी फाइटर बखूबी लड़ते हैं
नए लड़ाकू अखाड़े के दर्शन को
तरसते हैं
ये फाइटिंग केंद्रों के चक्कर लगाते पाए जाते हैं
सिफारिश व डोनेशन द्वारा प्रवेश पाते हैं
जहाँ इनको विशेष प्रशिक्षण प्राप्त होता है
प्रशिक्षण देने वाले
मर्मज्ञ चुनावी कोच होते हैं
जिनके पास अनोखे दाव-पेंच होते हैं
जैसे
टिकटहोड़, गठजोड़, सदनछोड़
कमरतोड़, चित्तजोड़, वित्तमोड़
वादाघटक, उल्टापटक, जल्दीनिपट
पीथमारक, टाँगताड़क, ध्वजागाड़क
दंदफंदी, जेबमंदी, बकाचंदी
घनटटोलक, गप्पबोलक, दिलनिकोलक
नोटहंतक, चोटकंतक, वोटवंतक
जो इन दावों में प्रवीणता प्राप्त कर लेता है

हाईकमान उसी को अखाड़े का टिकट देता है
इनके पास झंडे की हनक है
डाईट फार्मूला आश्चर्यजनक है
लाखों लोग मिलकर इनको पालते हैं
हर पाँच साल पर
एक रोटी डिब्बे में डालते हैं
पहलवान जनता की इन्हीं
रोटियों को खाता है
भूख लगती है तो फिर
अखाड़े में उतर आता है।

ईमानदार जानवर

अखबार में छपा था इश्तिहार
'चिड़िया को एक ईमानदार क्लर्क की दरकार'
मेरे मित्र एम.एससी. पास
मिस्टर रामदास ने
सौ रुपए की डीडी कर दी सप्लाई
यानी कॉन्ट्रेक्ट नौकरी के लिए अप्लाई
इंटरव्यू पैनल ने उसकी लंबाई को देखा
और फिर अपना प्रश्न फेंका
''क्या तुम्हें उछल-कूद करना आता है?''
बोला-
''हाँ, मेरी योग्यता को हर जगह टाला जाता है
डिग्रियों को उछाला जाता है
काश! कि मार्कशीट में लग जाते पर
और कूदने की बात तो न ही करें सर
टिकट नहीं था रेल से कूदा
कई बार दिल्ली मेल से कूदा''
''वाह! इतना कूदने के बाद भी तने हो?
यह बताओ कभी जानवर बने हो?''
''सर, मैं कहने को नर हूँ
पर मूलरूप से जानवर हूँ
फर्क बस इतना है जानवर छुट्टा घूमते हैं
खा-पीकर
मैं छुट्टा घूमता हूँ डिग्रियों से पेट भरकर''
''तो क्या नौकरी करोगे?
लंगूर की जगह खाली है भरोगे?''
वह बोला- ''लेकिन लोग क्या कहेंगे?''
''चिंता मत करो मिस्टर
आप कागज पर क्लर्क ही रहेंगे''

यह काम कर आप दस हजार महीना कमा सकते हैं
यदि समझ में नहीं आता तो
दरवाजा खुला है, जा सकते हैं''
वह बोला–
''सर, मैं भारत का बेरोजगार हूँ
दस हजार में लंगूर क्या
बंदर भी बनने को तैयार हूँ''
इस तरह रामदास लंगूर बन गया
वह बच्चों को देखकर मुसकुराता था
लड़कियों को देख शर्माता था
टिकट की बिक्री परवान चढ़ने लगी
लंगूर की इनकम भी बढ़ने लगी
पर एक दिन गजब हो गया
लंगूर शेर के बाड़े में सो गया
शेर गुर्राया
लंगूर चिल्लाया–
''बचाओ! बचाओ!''
तभी शेर ने जोरदार झपट्टा मारा
लंगूर के कान में बुदबुदाया–
''पब्लिक मारकर भगाएगी
चुप हो जा, वरना दोनों की नौकरी जाएगी''
लंगूर बोला–
''अरे सर! आप?''
शेर बोला–
''मैं हूँ बेरोजगारी का बाप
मैं इंटरव्यू में तुमसे अव्वल आया था
पीएच.डी. होल्डर हूँ
इसलिए शेर का पद पाया था
आजकल तो सरकारी विभाग में
नियुक्ति पाने के लिए

रिश्वत का बहुत बढ़ा गच्चा है
एक बेईमान इंसान बनने से
ईमानदार जानवर बने रहना अच्छा है।''

लाफिंग गैस के गोले

नेताजी जनता को लगातार
रुलाते रहे
वायदों की सेज पर सुलाते रहे
एक दिन जनता का स्वाभिमान जागा
उसने ली अँगड़ाई
और घर से निकलकर
सड़क पर उतर आई
नेताजी कुछ न बोले
और भीड़ पर छुड़वा दिए
आँसू गैस के गोले
गैस का जो भी हो असर
पर रुलाने में नहीं रखी
कोर–कसर
नेताजी के इस कृत्य पर हुई
जग हँसाई
और जनता फिर कृत्य के विरोध में
एक बार फिर
सड़कों पर उतर आई
नेताजी को बहुत दुःख हुआ
बहुत पछताए
और प्रायश्चित करते हुए इस बार
लाफिंग गैस के गोले दगवाए।

टूटना कमर का

ऐसी मान्यता है
प्रेमी का दिल तोड़ने वाले को
कहा जाता है बेवफा
और जनता का दिल तोड़ने वाले को
नेता
पर मेरा दिल इसकी गवाही नहीं देता
क्योंकि हमारे नेताजी
जीतने के बाद भी विधानसभा क्षेत्र में
अक्सर आते-जाते हैं
गरीबों के मसीहा कहे जाते हैं
उनके वापस सदन जाते ही
नोन-तेल-लकड़ी के दाम बढ़ जाते हैं
यकीन मानिए वो पूरी विनम्रता से हाथ जोड़ते हैं
अरे जनाब, अब वह हमारा दिल नहीं
महँगाई लादकर कमर तोड़ते हैं।

काँव-काँव

कौवा- जब मैं काँव-काँव करता हूँ तो घर में मेहमान आते हैं
नेताजी- जब मैं काँव-काँव करता हूँ तो संसद में जूते चल जाते हैं
कौवा- मेरे काँव-काँव में स्वागत का भाव रहता है
नेताजी- मेरी काँव-काँव में अर्थाभाव रहता है
कौवा- मेरी काँव-काँव से मौसम का ज्ञान होता है
नेताजी- मेरी काँव-काँव से देश की स्थिति का संज्ञान होता है
कौवा- मेरी काँव-काँव नींद हराम कर देती है
नेताजी- मेरी काँव-काँव देश को जगाए रखती है
कौवा- मेरी काँव-काँव सुन लोग मुझे कंकड़ मारते हैं
नेताजी- मेरी काँव-काँव पर लोग ताली बजाते हैं
कौवा- मैं झूठ बोलने वालों को काट खाता हूँ
नेताजी- मैं झूठ बोलने की ही खाता हूँ
कौवा- मेरी काँव-काँव गलियों में सुनाई पड़ती है
नेताजी- मेरी काँव-काँव रैलियों में सुनाई पड़ती है
कौवा चुप...
नेताजी- मेरी काँव-काँव से दंगा हो जाता है
कौवा चुप...

नींबू और खटाई

नेताजी जी ने जब जाँचा-परखा
और पाया
कि जनता नाकों चने चबा रही है
तो चने की पैदावार पर
प्रतिबंध लगाया
डेंटिस्टो की बैठक बुलाई
बोले- "जनता नाकों चने कैसे चबा रही है
यह बात हमारी समझ में नहीं आ रही है?
उनके दाँत कमजोर हो रहे हैं
या नाक मजबूत होती जा रही है?"
डेंटिस्ट बोला-
"आम जन नाकों से चने चबा रहे हैं
क्योंकि उनके दाँत खट्टे होते जा रहे हैं"
नेताजी इस समस्या की समाप्ति हेतु
अड़ गए
और अगले ही दिन नींबू और खटाई के दाम बढ़ गए।

फिर क्यों लिखूँ मैं शेर किसी जमीन पर

मुझे शायरी लिखने का शौक चर्राया
बहुत कोशिश की पर उस्ताद न मिल पाया
आखिरकार मैंने एक मुशायरे में
एक शायर को किया टार्गेट
कुछ श्रोताओं को किया सेट
श्रोताओं ने एक शायर के हर शेर पर तालियाँ बजाईं
इतना किया मुकर्रर इरशाद
कि मेरे एक अनुरोध पर वह बन गए उस्ताद
मैं रोज शाम उनके घर जाने लगा
टूटे-फूटे शेर सुनाने लगा
यूँ समझिए उनको बे इंतहाँ पकाने लगा
आखिरकार एक दिन वो मुझसे तंग आकर बोले-
''तेरा काफिया तेरी बहर का साथ पाकर रोता है
तेरे मतले का शेर बिना मतलब का होता है
मौजूँ और नामौजूँ की तुझे नहीं है तमीज
तेरे 'स' 'श' और 'ष' आपस में जाते हैं लड़
तू पहाड़ पर जाकर कविता पढ़''
मैं बोला- ''ठीक है उस्ताद, शिमला में मुशायरा कराऊँगा
जिसमें सदारत आप करेंगे
उस्ताद, आप मुझे एक और मौका दीजिए
शेर कहने लगूँगा विश्वास कीजिए"
उस्ताद बोले- ''ठीक है मैदान में आइए
एक मतला देता हूँ, अशआर लिख कर दिखाइए
हुजूर-ए-हिज्र के अल्फाज के साँचे में ढलती है
मशाल-ए-बुर्क के अंदाज की तोहमत मचलती है''
उस्ताद ने मतला देकर खेला अपना दाँव
मैंने भी रखा मतले पर पाँव
और लिख डाला अगला शेर-

''हुजूर-ए-हिज्र के अल्फाज के साँचे में ढलती है
मशाल-ए-बुर्क के अंदाज की तोहमत मचलती है
सुकून-ए-नक्श के दौरे जुनूँ मजमूँ हुए मंजर
हमारी शायरी तो सर की ऊपर से निकलती है''
उस्ताद मेरा शेर पढ़ हो गए निहाल
बोले- ''हे शायरी के भविष्यकाल!
तुम अपना ज्ञान किनारे धरो
और गालिब की जमीन पर लिखना शुरू करो'
मैंने पूछा-
''गालिब की जमीन कहाँ मिलेगी?''
बोले- ''दिल्ली जाइए और लिखकर दिखाइए''
मैं गालिब की जमीन तलाशने दिल्ली गया
मैं यह देख हो गया हैरान
उनकी जमीन पर खुली थी
देशी दारू की दुकान
मैंने दूकान वाले से पूछा-
''मैं गालिब की जमीन पर शेर लिखना चाहता हूँ
तरीका बताइए''
बोला- ''आप महुवा से बनी शराब का पौवा लगाइए
और गालिब की जमीन पर लोट जाइए
होश आएगा तो तुम्हारी गजल मुकम्मल हो जाएगी
और मेरे पैसे''
मैं वहाँ से भागा जैसे-तैसे
उस्ताद से बोला-
'गालिब की जमीन पर लिखना बहुत कठिन है
कोई दूसरी जमीन बताइए''
बोले- ''मीर की जमीन पर जाइए''
मैं मीर की जमीन पर लिखने लखनऊ आया
वहाँ मैंने कुछ बिल्डरों और चाट-ठेलों वालों का
अतिक्रमण पाया

तभी मैं देखकर हो गया ढेर
चाट वाले ने ठेले पर लिख रखा था एक शेर
''उछलती है फुलकी चहकते बतासे
फुदकती है टिक्की मटर की खता से''
मैंने उससे पूछा–
''भाईसाब क्या आपने ये शेर मीर की जमीन पर लिखा है?''
बोला– ''नहीं, नगर निगम की जमीन पर लिखा है
और मेरा उस्ताद पुलिस वाला है
जिसे मैं डेली बीस रुपए और दो प्लेट टिक्की खिलाता हूँ
यानी शेर और ठेला दोनों चुस्त
शायरी और पुलिस दोनों दुरुस्त
और आपको मीर की जमीन पर चाट खानी हो
तो खाइए
मेरा भेजा मत चबाइए
मैंने तो मीर की जमीन सिर्फ चाट का ठेला लगाया है
यहाँ तो कुछ लोगों ने बिल्डिंगें खड़ी कर ली हैं''
मैंने पूछा– ''इन बिल्डिंगों में कौन लोग रहते हैं?''
''मुझे ज्यादा नहीं मालूम लेकिन लोग-बाग
इन्हें बड़े वाले शायर कहते हैं''
मेरा मन खिन्न हो गया
यहाँ मैं औरों से भिन्न हो गया
मैंने आखिरी शेर लिखकर उस्ताद को दिखाया
उसके बाद मैं गजल लिखने की हिम्मत नहीं जुटा पाया
''बिल्डर नहीं हूँ और न ही डेवलपर हूँ मैं
फिर क्यों लिखूँ मैं शेर किसी की जमीन पर।''

फटना ट्रांसफार्मर का

हमारे गाँवों की बिजली
जैसे सरकारी अस्पताल
दोनों जगह अनिश्चित कालीन हड़ताल
मरीज, बिजली के अवैध कनेक्शनों की तरह
बढ़ते ही जा रहे हैं
यानी बढ़ती जा रही है दोनों की लाइन
घंटों इंतजार के बाद मरीज का नंबर आता है
तो डाक्टर उठ जाता है
और घंटों इंतजार के बाद जब बिजली आती है
तो ट्रांसफार्मर फट जाता है।

वाह रे हिंदुस्तान!

किंग जार्ज रोड पर मंदिर
महात्मा गांधी मार्ग पर दारू की दुकान
वाह रे हिंदुस्तान!
मोम के अमिताभ बच्चन
पत्थर के भगवान
वाह रे हिंदुस्तान!
विभीषण के मुख से
रावण का गुणगान
वाह रे हिंदुस्तान!
आला नक्काल लिखवा रहे-
नक्कालों से सावधान
वाह रे हिंदुस्तान!
संसद में शोर-शराबा
सांसद के बंद कान
वाह रे हिंदुस्तान!
गुप्त धन समस्या
गुप्त रोगों का समाधान
वाह रे हिंदुस्तान!

थ्रू प्रॉपर चैनल

मेरा प्रमोशन आठ सालों से रुका था
एक दिन मैं बौरा गया
फाइल लेकर सीधे आला अधिकारी के घर आ गया
मैंने ऐसे ही कॉलबेल का बटन दबाया
एक कुत्ता काल बनकर बाहर आया
मैं घबराया
कुत्ता मेरे हाथ में मिठाई का डिब्बा देख
अर्थपूर्ण ढंग से मुस्कुराया
फिर देखा मेरा रिस्पॉन्स
मैंने उसको नहीं दिया कोई चांस
तो मेरे ऊपर भौंकने लगा
मैं डिब्बा दबाए चौंकने लगा
मैं नजरें नीचे करके जैसे ही आगे बढ़ा
वह कुत्ता मुझे काट खाया था
मेरा दुखड़ा सुन कर गार्ड ने बताया कि
मैं थ्रू प्रॉपर चैनल नहीं आया था।

मूषक व्यथा

विश्व के लब्ध प्रतिष्ठ मूषक
कुछ कुतरक, कुछ चूषक
पावन मोदक धाम में
हलवाई के माल-गोदाम में
अस्तित्व बचाओ महासम्मेलन में
दल-बल के साथ पधारे
नीले-पीले उजले-मटमैले
कुछ कारे-कजरारे
कुछ को अपने पैने दाँतों पर
दंभ हुआ
बिजली का तार कुतरने के साथ ही
उद्‌घाटन सत्र आरंभ हुआ
जर्मन माइस रिप्रेजेंटेटिव ने
'मिस्टर कैट क्रिएटिव' ने
जर्मनी में चूहों की दशा पर
शोधपत्र प्रस्तुत किया
'कैट निवारक मंत्र' कन्क्लूजन में दिया
अमेरिका से तशरीफ लाए
'मिस्टर रैट रटाए'
वैज्ञानिक शोधों में चूहों की दुर्दशा से
चिंतित नजर आ रहे थे
चीन से पधारे
'चू हांग शू'
आतंरिक अंग भंगता के
स्लाइड चित्र दिखा रहे थे
'मूषक भूटानी' ने बिल्ली के गले में
घंटी बाँधने के वैज्ञानिक तरीके बताए
साउथ अफ्रीकन चूहे ने

एंटी स्नेक करतब दिखाए
अश्वेत चूहे ने स्विश माउस पर
नस्लभेदी आरोप लगाया
माओवादी चूहे ने
सत्ता परिवर्तन का मुद्‌दा उठाया
आस्ट्रेलियन रैट
समाज में बिल्ली पालन को
सिरे से नकार रहा था
जापानी सूमो चूहा
बेफिक्र हो डकार रहा था
बुश रैट और टोनी माउस
मुशर्रफी चूहे को
घुसपैठ के गुर बता रहे थे
तेल के डिब्बे पर बैठे
इराकी चूहे को सता रहे था
लंच के उपरांत
बांग्ला तसलीमी चुहिया ने
चुहियों की सामाजिक उपेक्षा का मुद्‌दा उछाला–
''विश्व में मूषक दशा अतिगंभीर है
चुहियों के हिस्से नीर और
बिल्ली के हिस्से खीर है
मुझे इस बात से भी आपत्ति है
पति और चूहे का तुलनात्मक
अध्ययन क्यों किया जाता है
पत्नियों को आखिर शेरनी का दर्जा
मुझे इस बात की चिंता सताती है
शादी के बाद पति चूहा हो जाता है
पत्नी चुहिया क्यों नहीं बन पाती है ?

पति का पैजामा ही कुतरती है''
अंदर के खोखले बाहर से टाइट
यूके से पधारे मिस्टर ह्वाइट
''भारत में हम तार-तार हैं
जैविक शोधों का आधार हैं
भारतीय वैज्ञानिक अपने यहाँ के चूहों पर
शोध नहीं कर पाते हैं
और हमको गुलाम बनाते हैं''
भारतीय मूषक चीखकर बोला-
''हमारे वैज्ञानिक भी बिलकुल हमारी तरह हैं
दोनों ही परिणाम तक नहीं पहुँच पाते हैं
हमारी फितरत है
हम बिना विदेशी मदद के
सफल ही नहीं हो पाते हैं
और हम भारतीय मूषक
विकास की प्रक्रिया में बहुत पीछे हैं
बोरियों और फर्नीचरों के नीचे हैं
हमारा जेनेटिक ढाँचा दुरुस्त नहीं है
पर आपका जेनेटिक ढाँचा मानव से
पूरी तरह मैच करता है
तभी तो आपको भारतीय बायोलॉजिस्ट
पिंजड़े में कैद करता है''
सम्मलेन के अंतिम सत्र के विदूषक
भारतीय साहित्यकार मूषक
अतीत और वर्तमान की तुलना करने लगे-
''त्रेता युग में हमारे पूर्वज
भक्तों के दिलों में रहते थे
मोदकों से भरे बिलों में रहते थे
चुहिया रानी की मोहक आवाज
चीं चीं चीं का तिमिर साज

आँगन का बिखरा अनाज
अँधेरे में सड़कों पर घूमना
गिलहरियों से मिलना
गेहूँ की बालियों को चूमना
सब अतीत हो चला है
माटी और दीवारों में हमारे घरौंदे
सीमेंट और कंक्रीट ने रौंदे
अपनी मुट्ठियों को भींचे
रेलवे लाइन के नीचे
हमारे छोटे बच्चे खेलते हैं
हजारों डेसीबल का शोर झेलते हैं
माँ की गोद में सिमट जाते हैं
बेचारे नियति के मारे
भारतीय समाज का यह कैसा कृत्य है
एक चुहिया के लिए पूरा पहाड़ खोदने का
भला क्या औचित्य है
सम्मलेन के अंत में धन्यवाद प्रस्ताव पारित
होने ही वाला था
कि हलवाई के गोदाम पर पड़ गया छापा
मार्केटिंग इंस्पेक्टर ने मिलावट को जाँचा परखा नापा
हलवाई चला गया हवालात
फिर चूहों को पता चली ज्ञान की बात
''हमारा सिर्फ ढांचा इंसानों से मेल खाता है
अच्छा है कि गुण नहीं मिलते हैं
वरना हम भी दिखावटी हो गए होते
इंसानों की तरह मिलावटी हो गए होते''।

कुछ तो होता है मुझे

मैं सशक्त हूँ
पर विभक्त हूँ
क्योंकि भारत हूँ
मेरा दिल रोता है
खुद को जब आईने में देखता हूँ
तो कभी निराशा होती है, कोफ्त होती है
आश्चर्य होता है
निराशा होती है मुझे
तहजीब के सरपरस्त को देखकर
गंगा में कचरा फेंकते भक्त को देखकर
चौराहे पर धमा-चौकड़ी करते
छुट्टा जानवर को देखकर
आधी सड़क तक बने घर को देखकर
दफ्तर की सीढ़ियों पर पान की
पीक को देखकर
सड़क के किनारे भीख माँगते
नौनिहालों को देखकर
राष्ट्रीय धरोहरों में
मकड़ी के जालों को देखकर
ट्रामा सेंटर में भर्ती होने का इंतजार कर रहे
मरीज को देखकर
सार्वजनिक पार्क में सिगरेट के कश भरते
साहब की तमीज को देखकर
गुटखा खाकर डस्टबिन में थूकने की
लत देखकर
भरे बाजार में गाड़ी खड़ी करने की
फितरत देखकर
मैं भारत हूँ

कोफ्त होती है मुझे
खुले में होल देखकर
ढोल में पोल देखकर
कार्बाइड से पकाए फलों को देखकर
मोहल्ले के सूखते नलों को देखकर
शोर भरी अवध की शाम देखकर
रेलवे क्रॉसिंग पर जाम देखकर
जाम में हॉर्न बजाते राहगीरों को देखकर
बेखौफ बाइक दौड़ाते शूरवीरों को देखकर
बिजली के जर्जर खंभे को देखकर
चौराहे पर पागल नंगे को देखकर
घर की छत से सटे हाई वोल्टेज तारों को देखकर
खिड़की से सड़क पर कूड़ा फेंकते
नाकारों को देखकर
महापुरुष की प्रतिमा के ऊपर चढ़े
सूखे फूलों को देखकर
विलुप्त हो रहे सावन के झूलों को देखकर
जीपीओ में स्पीड पोस्ट करने आए
बेरोजगारों की कतार देखकर
रूमी दरवाजे की दीवार में दरार देखकर
मैं भारत हूँ
आश्चर्य होता है मुझे
सिटी बस के गेट पर लटकते देश
के भावी कर्णधारों को देखकर
शॉपिंग मॉल में इश्क फरमा रहे
मोहब्बत के मारों को देखकर
दिन में जल रही स्ट्रीट लाइट को देखकर
बीस सालों से निर्माणाधीन
साइट को देखकर
फ्लाई ओवर के नीचे जलभराव देखकर

ट्रेन से मानव की तकरार देखकर
जन जागरुकता होर्डिंग के ऊपर लगे
छात्र नेताओं के पोस्टर देखकर
आए दिन खराब रहती नलकूप की मोटर देखकर
फुटपाथ पर टेंट लगाए
खानदानी डाक्टरों को देखकर
कोचिंग खोलकर बैठे
सरकारी मास्टरों को देखकर
नाली के ऊपर लगे चाट के ठेले को देखकर
मंदिर के बाहर भिखारियों के
मेले को देखकर
विश्वविद्यालय में बंद हो रहे
उच्चस्तरीय कोर्सों को देखकर
आजकल बहुत त्रस्त हूँ
पाखंड का आकाश
कुव्यवस्था का सागर
विसंगतियों का पर्वत हूँ
क्या मैं ही भारत हूँ ?
आर्याव्रत हूँ ?

संसद में लव एक्ट

बस्तियों में आग लगाने के बाद
मुझे अक्ल आई है
मैंने भारतीय मोहब्बत पार्टी
बनाई है
हम भले ही आश्वासन पीते हों
दामन पर छींटे हों
पर मेरे चेहरे पर
सिक्के जैसा तिल है
मेरा चुनाव-चिह्न दिल है
मैं इस दिल को सियासी मुखौटों पर
टाँग रहा हूँ
जाति धर्म संप्रदाय के नाम पर नहीं
बस मोहब्बत के नाम पर वोट
माँग रहा हूँ
हमारी पार्टी टूटने से नहीं डरती है
इसलिए टूटे हुए दिलों का स्वागत करती है
जिसका दिल टूटा हो
वायदों से रूठा हो
मुद्दों का मारा हो
बिलकुल बेचारा हो
जो दर्द को जुटा चुका हो
सब कुछ लुटा चुका हो
वो इस पार्टी में आये
अपनी कटिया फँसाए
यकीन मानिए पार्टी में बहुत कंगाली है
जिसके पास दिल की दौलत हो
आ जाए
कोषाध्यक्ष का पद खाली है

हमारी पार्टी प्यार का कानून बनाएगी
संसद में लव एक्ट पारित कराएगी
जहाँ प्यार ही ईश्वर होगा
प्रेमिकाओं के लिए विशेष ऑफर होगा
प्रेमी युगल बिल्कुल नहीं शर्माएँगे
हम पार्कों में केबिन बनवाएँगे
संसद में गालियों की जगह
प्यार के तराने होंगे
नेता दागी नहीं, दीवाने होंगे
अधिकारी दर्द पिएँगे, गम खाएँगे
यहाँ दौलत की जगह दिलों पर डाके डाले जाएँगे
भ्रष्टाचारी की तिजोरी में ताले होंगे
पैसों के नहीं, प्यार के घोटाले होंगे
मैं यह काम
नेक करने वाला हूँ
भाषा जाति और धर्म के नाम पर
बँटने वालों को
प्यार के नाम पर
एक करने वाला हूँ।

चिंतन का यथार्थ

मैंने जैसे ही नए साल की डायरी का
पन्ना खोला
अंतर्मन में उपस्थित
पुराने साल का साहित्यकार
दुत्कारते हुए बोला–
''हे लेखक, कवि एटसेट्रा!
डबल ट्रिपल टेट्रा
क्या तूने पिछले साल कुछ
सार्थक लिखा
सारे समय तो मंचों पर दिखा
श्रोताओं को खूब बरगलाया
मंच जमाने के नाम पर
जमाने के कायदे भूल
संपूर्ण वर्ष एक ही कविता
अलग–अलग अंदाज में सुनाया
भ्रष्टाचार पर व्यंग्य मारा
महँगाई को कोसा
और खुद खाया जंक फूड, फास्ट फूड
इडली और डोसा
हे कबीर, गिरधर कविराय!
समाज सुधारक राममोहन राय
क्या खुद को सुधार पाया है?
हर शाम
प्रवृत्ति की दुकान से चरित्र की व्हिस्की
उधार लाया है
हे मंचबाग के काले भौंरे!
मुद्रापान के आदी
मार्क्सवादी लिफाफे में बंद

पूँजीवादी
हास्य के हिमखंड
व्यंग्य की गर्मी
आयोजनों के उस्ताद
खुरपेंची रचनाधर्मी
तू कहता है तेरी रचनाओं से
पत्रिकाएँ पटी हैं
वो तो मुझे मालूम है
तूने चुटकुलों की कितनी किताबें रटी हैं
इन्हीं चुटकुलों से तू
शाश्वत हास्य साहित्य बनाता है
श्रोताओं को फिजूल हँसाता है
हे तथाकथित!
हे चुटकुला विरोधी!
मिमिक्री के अवरोधी
तू हँसोड़ों के खिलाफ
आँय-बाँय फेंकता है
लेट नाइट लाफ्टर शो
आँखें फाड़-फाड़ देखता है
तू अपने बाल नोच
उलटा खड़ा होकर सोच
हँसोड़ों की काँव-काँव
तेरी कविता की कू-कू पर भारी है
तेरे अस्तित्व पर ग्रहण लगाने की
पूरी तैयारी है
तू यथार्थ की स्वीकरोक्ति से
डरने लगा है
जानता हूँ तू भी
हँसोड़ों का पथ फालो करने लगा है
हे शब्दों के खिलाड़ी!

विधाओं के प्रवर्तक
तुकबंदी के मास्टर
पिंगल के नर्तक
तू गोष्ठियों के फ्लोर पर
खूब नाचा
स्टेज पर दिल खोल लफ्फाजी की
कविता कब बाँचा?
आगामी वर्ष तू मन से कमा
विदेशी बैंक में कर
पैसे जमा
साहित्य को किनारे धर
अब स्टेज पर कविता नहीं
पूरा स्टेज शो कर
हे गप्प नगर के गप्पी!
पूरे रंगबाज
विमर्शों के महारथी
हिंगलिश के सरताज
तू तो फरमायशी कविताएँ
कहता है
पब्लिक की भावना में बहता है
जाने तू कब संभलेगा
श्रोताओं की मानसिकता को कब
बदलेगा
तभी तो तेरे अंतर की भावनाएँ
रचना की भौतिकता से लड़ रही हैं
और श्रोताओं की तालियाँ
तेरी साधना को
जोरदार तमाचा जड़ रही हैं।

मुकाम से कठिन है मकान बनाना

मैं साहित्यिक बवाल में जा पहुँचा
यानी लिटरेरी कार्निवाल में जा पहुँचा
स्वागत गेट पर सुंदरियों ने मुझे
टीका नहीं लगाया था
क्योंकि मैं कोट पहनकर नहीं आया था
अंदर कुछ हॉट मॉडल्स
विंटेज कारों के साथ लोकलुभावन
पोज दे रही थीं
वीर रस के कवियों को शृंगार की
डोज दे रही थीं
अंग्रेजी के शोध छात्र पिज्जा
से पेट सेंक रहे थे
समोसा जीवी हिंदी शोधार्थियों को
हेय दृष्टि से देख रहे थे
दिखने वाले साहित्यकारों के
स्वागत का पूरा इंतजाम था
लिखने वाले साहित्यकारों के लिए
सिर्फ झंडू बाम था
मैंने जैसे ही हाल में प्रवेश किया
एक इंश्योरेंस कंपनी वाले ने मेरी ओर फेस किया
वह किताब नहीं पॉलिसी बेच रहा था
बोला- "आइए सर
हमारी पॉलिसी है सबसे बेहतर
पचास हजार प्रीमियम
और बीस लाख मैच्योरिटी"
मेरी गुम हुई सिटपिटी
मैं बोला- "यह पॉलिसी तो बहुत महँगी है"
बोला- "क्या हिंदी के लेखक हो?"

मैंने कहा– ''ये तो हिंदी का अपमान है''
वह बोला– ''परेशान मत होइए
आपके लिए दूसरा प्लान है
पचास रुपए प्रीमियम
पाँच सौ मेच्योरिटी''
मैंने जैसे–तैसे इज्जत बचाई
पीछे से एक बिल्डर ने आवाज लगाई
बोला– ''हे हिंदी के लेखक!
हमारे स्टाल पर आइए
अपने लिए वन बीएचके फ्लैट किश्तों पर
बुक कराइए''
मैंने कहा– 'टू बीएचके क्यों नहीं?''
वह बोला– ''आप हैं सही
पर वह स्कीम सिर्फ अंग्रेजी लेखकों के लिए है''
मैंने कहा– ''यहाँ तो हिंदी का अपमान खुलेआम है''
वह बोला– ''मुझे मालूम है हिंदी लेखकों के लिए
मुकाम बनाना आसान पर
मकान बनाना कठिन काम है''
वह मुझे
औकात याद दिला रहा था
और एक डॉक्टर मुझे फ्री मेडिकल
चेक–अप के लिए
अपने स्टॉल पर बुला रहा था
उसने मेरी लंबाई और वजन को नापा
और बोला– ''आपका बीएमआई बढ़ा हुआ है''
मैं बोला– ''क्योंकि ईएमआई बढ़ा हुआ है''
डॉक्टर बोला– ''आप तर्क मत दीजिए
तुरंत हमारा तीन महीने का स्लिम एंड ट्रिम
कोर्स ज्वाइन कीजिए''
मैंने कहा– ''मुझे छोड़ दो

मेरा खून जल रहा है''
वह बोला- ''अरे इलाज करा लीजिए
आजकल हिंदी लेखकों पर काल सर्पयोग
चल रहा है
आपने अगर कोर्स ज्वाइन नहीं किया तो
साहित्य में कहीं खो जाएँगे
अगर कोर्स कम्प्लीट कर लिया
तो एकदम चेतन भगत हो जाएँगे''
मैं बोला- ''आप अपने पास रखिए ज्ञान
मुझे लेनी है किताब- अग्नि की उड़ान''
तभी एक स्कर्ट वाली बाला मेरे पास आ गई
हाथ में पम्पलेट थमा गई
'उड़ान एयर होस्टेस ट्रेनिंग अकादमी वेल्कम्स यू
यू आर इन क्यू'
मुझे अपने हिंदी लेखक होने पर
बहुत गुस्सा आ रहा था
मैं चाहकर भी साहित्यिक पंडाल तक
नहीं पहुँच पा रहा था
हर बार मुँह की खा रहा था
मेरे और साहित्य के बीच में
बाजार आ जा रहा था
मैं मायूस होकर घर की ओर लौटा
पीर रही रिसती
मेरे साथ वापस लौट रही थी एक
भारतीय स्त्री
वह भी बहुत मायूस थी
सिंदूर बह रहा था चूड़ियाँ टूटी थीं
उखड़ी थी माथे की बिंदी
मैंने उसका नाम पूछा
बोली- ''हिंदी''।